ritmo humanegrítico

CUTI

ritmo humanegrítico
antologia poética

Copyright © 2024 Luiz Silva (Cuti)

Grafia atualizada segundo o Acordo Ortográfico da Língua Portuguesa de 1990, que entrou em vigor no Brasil em 2009.

Capa
Oga Mendonça

Preparação
Silvia Massimini Felix

Revisão
Bonie Santos
Luís Eduardo Gonçalves

Dados Internacionais de Catalogação na Publicação (CIP)
(Câmara Brasileira do Livro, SP, Brasil)

Cuti
    Ritmo humanegrítico : Antologia poética / Cuti. — 1ª ed.
— São Paulo : Companhia das Letras, 2024.

    ISBN 978-85-359-3786-2

    1. Poesia brasileira – Coletâneas I. Título.

24-201276   CDD-B869.108

Índice para catálogo sistemático:
1. Poesia : Coletânea : Literatura brasileira B869.108

Cibele Maria Dias – Bibliotecária – CRB-8/9427

Todos os direitos desta edição reservados à
EDITORA SCHWARCZ S.A.
Rua Bandeira Paulista, 702, cj. 32
04532-002 — São Paulo — SP
Telefone: (11) 3707-3500
www.companhiadasletras.com.br
www.blogdacompanhia.com.br
facebook.com/companhiadasletras
instagram.com/companhiadasletras
twitter.com/cialetras

sumário

esperanças esparsas

dislexia existencial, 13

tranca, 14

a troca, 15

estilo de..., 16

virtualidades, 17

navegar sem juízo, 18

nesta bolha ninguém descansa, 19

perguntemos, 20

a cara da fera, 21

chama dinâmica, 22

sob o comando, 23

sêmen e semelhança, 24

no princípio, 25

introverso, 26

ser em si, 27

dos vazios, 28

passadas impensadas, 29

cruzes e crises, 30

fardo de longa data, 31

festinha da t.i., 33

erro tático, 34

radical 1, 35

meteorologia, 37

amálgama, 39

pesos e mordidas, 40

veja in, 41

questões para educa-dores e educa-prazeres, 43

curso subliminar intensivo, 44

desabrigado, 47

com o passar do tempo, 48

nas veias recebendo explosivos?

diagnódio, 51

caras sob as máscaras, 53

processo e possessão, 55

em face da legião sádica, 56

mordida do remorso, 58

minoria-offshore, maioria chora em off, 59

bastidor sombrio, 60

próximas eleições, 62

em nome de, 63

humanofóbico, 64

resumo de uma ópera-bufa assassina, 65

ética do mercado, 67

mercadominado, 68

reflexão eleitoral, 69

conta-minados, 70

sem régua, 72

na iminência da terceira treva mundial, 74

govern*ânsia* global, 76

eleitoral barbárie programada, 77

o vício da criação, 78

o pior deles, 80

por todo lado uivos, 82

decisão, 83

corrosão histórica, 84

contrafar$a, 85

escravismo financeiro, 87

má-fé, 88

questão visceral, 89

contraponto, 90

no laboratório, 91
recorte da crueldade, 92
desinfância, 93
milogro, 94
moldura atávica, 95
agromonstro, 96
pingo no i, 97

retinto
explanação, 101
tabu?, 102
ogunhessência, 103
vocês aí..., 104
doação, 105
abolição, 106
ponto de vista, 107
civilização em três atos, 108
dificuldade intramuros, 109
jogo, 110
mente podre, 111
atracação, 112
constatação, 113
apelo a contrapelo, 114
enigma da mutação, 117
meu *desdesejo*, 118
cena, 119
crespa cantiga, 120
mãos em comunhão, 121
meritocracia, 122
racísmetro, 123
racismentário, 125
lições fundamentais, 128
sombra e luz, 129
vulnerabilidade, 131

hier*amor*arquia, 133
confins na mente, 134
silêncio em guerra, 136
passado, 137
sem exagero, 138
quando agora, 139
diasporáfrica, 142
identidade nacional, 144
passos sobre os percalços, 145
equívocos, 147
cabeleireiro em casa, 148
claros oscilantes, 150
açum-preto, 151
mãe?, 152
verdade, 153
nos búzios, 154
indignação antiga, 155
racistócio, 156
em questão, 157
colorismo, 158
diz crime, nação!, 160
pessoas, 161
grande obra que se desdobra, 163
contra dicção, 164
hora de horizonte no ori, 165

quem cura é colo
palavra de mulher, 169
prevenção ou..., 170
sublime, 171
proteção, 172
tato corrompido, 173
respeito, 174
bipolar, 175

apelo inocente, 176

perversidade refinada, 177

cotidiana, 178

sem jeito para, 179

sadomasoquista, 180

salva-vidas, 181

percurso, 182

ciúme, 183

pode ir, 184

de tantas fobias embutidas, 186

trama em rede, 187

desamornia, 188

apazilhamento, 189

jogo de espelhos, 190

abnegação, 191

sentimento antigo, 192

obrigado, poderosa!, 193

corisco, 195

paradócil, 197

reverso, 198

serena, 199

imprevisto golpe, 200

atualidade amorosa, 201

desobediência intrínseca, 203

disparidade um dia se despe, 204

eternútero, 205

sem reparo, 206

amorfobia em crise, 208

desilusão, 209

metamorvozes, 210

o beco tem saída

nascer ou nascer, 213

genotecnocídio, 215

cenárido, 216
robótica antiga de ninar, porém, 218
ecoslogia, 219
exercitando a utopia, 221
aquecimento global, 223
ao pé do ouvido, 225
outra via para a democracia, 226
ressonância em mudança, 228
consumo, ação!, 230
brecha no muro, 232
olhar para cima bem de dentro, 234
visão especial, 235
em queda, livre!, 236
sigamos!, 237
recomeço, 239
recuperar e seguir, 241
a fome do mercado, 243
sem trégua, 245
no dia seguinte, 246
vale o quanto preza, 247
sapiência, 248
caminhando-nos, 249
querer, 250
resistência, 251
persistência, 254
horizonte da grandeza ou simplesmente: recado, 256
incéugurança, 258
estertor de uma era, 259
superonda de si, 260
assento preferencial para sonâmbulos, 262
com urgência, 263

índice alfabético, 265

esperanças esparsas

dislexia existencial

tem gente confundindo
o século XXI com o XIX

casos mais graves
com o IX

no extremo
os cavernosos

noves fora
parar a história

viciada no poder
e de mental miséria
essa arrogante escória.

tranca

quando o silêncio é desprezo
com a mesma moeda é pago
bebido no desespero
vira-se logo num trago

quando o silêncio é desprezo
jamais alguém sai ileso
do seu corrosivo estrago.

a troca

quando a gente dialoga
a dor do outro
a gente troca

a dor do outro
quando a gente dialoga
ameniza um pouco
a nossa

se apenas monologa
logo
cada um na sua toca
a dor que estoca
sufoca.

estilo de...

tem hábito
igual a atestado
antecipado
de óbito

a pessoa ceifa-se
aos poucos
como é óbvio
pela lógica dos vícios

a propaganda segue
enfeitando o trágico
do hábito
igual a atestado
antecipado
de óbito

quem se adula
com a foice
por vezes acha graça
e se palhaça
fazendo comício
com loas
ao precipício

essa trilha
muita gente compartilha
e a mantém como princípio.

virtualidades

sei que é fake
tua felicidade no face
mas compreendo
tua necessidade de enfeite
esse imenso esforço
para que alguém
como és
te aceite

sei que a rede
sempre enganará a verdadeira sede
de ser
e é fake tua felicidade no face.

navegar sem juízo

dizem tratar-se de um mundo
este virtual engodo
ao pensar que nadamos em água
nos afogamos no lodo
de imagens, vídeos, emojis
com denodo
fazendo papel de bobo

variados tantos foram os sinais
atuais de estares não estando
nestas celas virtuais

de plataforma em plataforma
cobaias somos
de invisíveis canibais.

nesta bolha ninguém descansa

laços vão sendo rompidos
bolhas dissolvendo o indivíduo

máquina habilidosa
invisível
a cada dia aumenta
o exército inimigo
de sombras e malefícios

liberdade todos querem
mas sob telas
em linguagem de máquina
a palavra revela:
perigo.

perguntemos

além do lucro
desde a origem
têm ética
mercados
que negociam nossos dados
e prometem
gratuita eternidade?

a cara da fera

conheço quizila
é quando a pessoa fica cinza
em cada pupila
vingança cintila

na passarela do rancor
só o não desfila

quizila a dor celebra
e às vezes
ao tentar se ver
o espelho quebra.

chama dinâmica

enlouqueço às vezes
coloco desejos à frente do que padeço
desço as encostas do meu começo
teço texto
nada peço
tudo o mais esqueço

sinal da poesia
incandesço.

sob o comando

como o imperativo
dia após dia
te intimida?

compra! inscreva!
dá o like! colabora! assina!
coma! beba!
violenta! assassina!
cala a boca!
ceda!

quantas ordens ao dia
o imperativo te avia
e a i.a. te faz
do coração
um avião à deriva?

sêmen e semelhança

sei do fogo que certas palavras porejam
e do medo que os poetas sofrem
de sucumbir ao incêndio

no aconchego até lágrimas queimam

onde toda treva é trama de brasa
crepitando mistérios
doce é o silêncio da aranha que tece labareda
nas entranhas do vulcão
onde dorme
o bicho-da-seda.

no princípio

tudo se deu
quando alguém olhou no espelho
e disse para o que viu:
— é meu!

fez-se a hierarquia
alma no topo corpo na base
o autocapitalismo, com seu binarismo, nasceu

por isso o íntimo bipartido
e sem resposta à pergunta:
— quem sou eu?

introverso

penduro espelhos pelo quarto escuro
o mais escuro de mim

faísco os olhos
para ver meus rostos
que eu escondi
e neles contemplar
a pretidão
do reverso de mim.

ser em si

questão de sempre
e simples:

quem te cuida o ori
te manipula
usa
fragiliza
aprisiona
abusa
?

ou fortalece
ajuda
a construir-te
independente
menos medo
livremente
em ti
?

dos vazios

há silêncios
verdadeiros desacatos ao bom senso
cavalar dose de veneno
que se impinge à vítima
como remédio ameno

e logo a hipocrisia
como corcel de vento
relincha desculpas
como aceno.

passadas impensadas

no princípio era o álcool
uma alegria
a cada dose
num crescendo amargo
circulando o abdômen

doses sobre doses
porres
alívio até nos poros
sorrateira a overdose

assim em fumaça
nuvem injetada
poeira aspirada
minúsculas pedras
queimadas

o almejado cada vez mais longe
horizonte se fechando
a vida entregando os pontos.

cruzes e crises

chumbo de religião nos pés
ninguém consegue voar

mas a árvore do prazer em silêncio cresce
do nascente ao poente

repartidos o poder e o pão
nem os irados que *santacruzam* com espadas
seus semelhantes
deixarão de provar a fruta
e reverenciar a semente.

acordaremos dos tantos milênios
de imensos sofrimentos.

fardo de longa data

vale o que se acredita

mas com tantos medos
ódios
crendices autoritárias
enfiadas goela abaixo
na formação da memória
fazendo-a traiçoeira e movediça
desde o início da marcha
muita gente
ao pretender se erguer
mais ainda se agacha
no charco
afunda
por tão pesado conteúdo
assimilado

das bordas
talvez alguém
com uma corda
possa tirar
quem está atolado
em sono profundo
macabro
e sob o efeito da droga
inteiramente não acorda

vale o que se acredita
mas quando a crença adoece
limita
tortura
mata
se chegar ajuda
ao sair da lama e despertar
medita
antes que seja tarde
sem alarde
ama.

festinha da t.i.

na plataforma **n**arciso
onde blefar é preciso
foi num churrasco de likes
que havia pagado no pix

tudo muito animado
bbbobos bem bombados
exibiam dotes em bikes
gerando muitos chiliques...

chegou em casa bolado
bílis fazendo remix
vomitou emojis e gifs
até não aguentar mais

o tal churrasco matrix
que muita gente gostou
tava todo envenenado
de cookies e vírus mortais

curou-se apenas porque
a bateria pifou
bebeu leitura de livro
com luzes medicinais.

erro tático

denúncia crítica
se tão somente atinge
a fachada
pouco impacta
e com palavra viciada
até reforça
a estrutura opressora
intacta.

radical 1

o ontem passeia no aqui e agora
flor de luz
sorri

o chão reza em sussurros
velas confluindo caminhos
sons de tambor
recriam tímpanos
a paz
estrela no sorriso
de quem não perdeu o senso
a coragem
o sentido
de afrontar o medo
a dor
o perigo

os mortos denunciam outros mortos
e os vivos acordam
para perguntar quem lhes impõe o sono

quando o sol despertar inteiro de nossa miséria
será inútil
coagular estética nas veias do poema
os que chegaram à nossa roda
para apunhalar
a verdade pelas costas

à revelia deles
a dignidade está plantada no peito
pelo amanhã possível.

meteorologia

chuva e choro
na vertigem
mesmo de passagem
mudam a paisagem
conforme contida
a quantidade

se rega
quando abunda
a chuva inunda
afoga
desbarranca
desabriga
desaloja
soterra
vida e sonho

choro lava mágoas
mas se muito tempo preso em raiva
desaba
se conta em raios
seu estrago

estradas interrompidas
pontes derrubadas
muita gente ilhada

e às vezes
nenhuma lágrima
só pedradas de silêncio
ou de palavras
memória estilhaçada.

amálgama

feito átomos
emoções se agitam
com a imaginação combinam
moléculas de desejo
que se organizam
em células sentimentais
atadas por raciocínios
com que se fazem pensamentos
frágeis
monumentais

no mais é fingimento
ninguém pensa
sem sentimento

atrás do cálculo
do argumento
tem gente
que ao dizer não sentir
mente.

pesos e mordidas

todo mundo
uma hora esbarra
com seu próprio código de barras
percebe seu preço
muito abaixo
do combinado
quando alugou
sua força de trabalho
por necessidade
doença
locou sua mente para essa
ou aquela crença

todo mundo
uma hora esbarra
com seu próprio código de barras
e pensa
se compensou ou compensa
sua autossentença

ou até onde se sustentam
escárnio e indiferença

todo mundo
uma hora esbarra
com seu próprio código de barras...

veja in

querer muito
o que alguém tem
ou frui
seja lá o que for
nos polui

aumenta a cobiça
mágoa e raiva
atiça
e nos possui

se incorpora
encosto
caipora
assombração

afeto piora
a danação
corrói o coração

engano
pensar que vem de fora
nosso dentro elabora
massa podre
de frustração

querer pouco
o que alguém tem
ou frui
pode ser bom
se em nós o sol suscita
e a gente medita
sobre injustiças
face à fruta ou ao bombom

muito
logo azeda
e dá o tom
impondo a nós
a im(ex)plosão.

questões para educa-dores e educa-prazeres

com quanta falta de peito e
colo
+ doses de medo
ódio
surras
se constroem monstruosidades
existencialmente burras?

como se treina
gente
para oprimir
destruir e matar?

qual o caminho contrário
para descontrair
construir
se dar
evitando nas casas
escolas
corporações
tantas apostas
em jogo de azar?

curso subliminar intensivo

sorria, você está sendo treinad_
a semear inimig_s por toda parte
e vê-l_s brotar a seu lado
mais ainda se for
a pessoa amada

sorria, você está sendo treinad_
a ficar pres_ na rede
dando as costas
ao mundo que sofre
se negar à verdade
tomar porre de nada
e porrada de choque
se ousar acordar
para a realidade

sorria, você está sendo treinad_
por controle remoto
pelo próprio carrasco
a vender-lhe seu voto
por migalha-promessa
ou simplesmente um copo
de qualquer cachaça

sorria, você está sendo treinad_
a repetir sem pensar
submeter-se à manada
ser apenas gado
de alma penada

sorria, você está sendo treinad_
a entregar seus dados
a cada página
rolada
a trabalhar de graça
vigiando o vizinho
e delatar ao poder
qualquer ameaça

sorria, você está sendo treinad_
a praticar preconceito
de classe, gênero e raça
emaranhad_ no enredo
se apaixonar pelo medo
venerar ilusão
crueldade e trapaça

sorria, você está sendo treinad_
a jamais questionar
se for convocad_
a cometer desatinos
pegando em armas

sorria, você está sendo treinad_
a esquecer seu nome
não saber
nadar em si mesm_

ser
pela correnteza arrastad_
e por fim
se dar por feliz
por estar afogad_

sorria, com virtual anestésico
você está sendo dopad_.

desabrigado

não sei se ainda posso
medir esforços contra as mágoas

em minha casa modesta
tudo ficou alagado

versos antigos boiam
esperanças esparsas
em meio a dramas
tragédias, epopeias e farsas

em cima de meu telhado
vislumbro um vazio
tão cheio de nada...
e para o céu
nenhuma escada
ninguém de lá enviado

sem barco
saio a nado.

com o passar do tempo

eu tinha medo do silêncio
porque nele
os fantasmas falavam
discutiam
berravam

aprendi:
só queriam compreensão e bondade

agora visto meu silêncio impecável
e vou passear
no centro da cidade.

nas veias recebendo explosivos?

diagnódio

mesmo montado
em bode expiatório
ódio não cura
remorso
pavor persecutório
ou frustração dolorida
de nada ou pouco
se ter conseguido
na vida

sequer apazigua
mágoa de gente re...
ou deprimida

por mais desgraça cause
na rede, praça, via
pantominas faça
de valentia
não é coragem
apenas covardia

ódio não cura

quem odeia
também se tortura
unha a própria ferida
raiva escorre e volta
um rio

ódio não cura
envenena o entorno sadio
corrói e não depura
invejas, rancores
ou falta de brio

contagioso redemoinho
sem autovacina de afeto
perdura um narrativo martírio

mesmo com disfarce divino
— ó, dio!
é demoníaco delírio

não cura a sua semente
o vício pelo sofrimento
de si e alheio
mas aumenta no íntimo
o vazio
de angústia cheio.

caras sob as máscaras

em prisão domiciliar
sugerida ou decretada
pela pandemia
dos descuidos e espirros
ainda somos das cavernas
— grandes, pequenas, palafitas, palácios
barracos, mansões, taperas
— enfeitadas ou não
de utensílios e *tecnotralhas*

lá fora o predador espreita
rosna
e atrás das máscaras
distribui mortalhas

se o rastilho do invisível
em centenas de milhares de óbitos
silenciosamente se espalha
acionando o seu gatilho
de que valem armas
de calibres diversos
e tantos possíveis tiros
se não podem matar um vírus?

onde estão as ogivas
para exterminar muitos outros
e esse da covid
que a todos convida?

deuses únicos ou diversos
ambiciosos agentes milagreiros
se esconderam nos bueiros?
por que não tiram
com seus poderes
a humanidade do atoleiro
onde o amor se tornou
prisioneiro?

inovação a todo instante
desemprego por todo quadrante
rapina sobre rapina
e se demora anos
para testar vacina?!

ingenuidade
interpelar a pandemia
quando tudo não passa
de necroeconomia
cujo tiro espirrou estilhaços
onde não se queria
tecendo em mímica
falsas narrativas
de terno, gravata e furiosas mentiras
genocidas?

nas mansões de globais assassinos
há vírus pensado na ceia
de comida, bebida e talheres finos

financeira política
ceifando destinos.

processo e possessão

crueldade se aprende
não é sina

tudo se inicia com divindade
que ao punir
se vinga

castigo feito chibata
porrada como exemplo
exemplo como porrada
assim se promove crueldade
se vocifera
e xinga

alimenta patologias
com farta simbologia
em sua pedagogia

rede, casa, escola, igreja, clube, telinha
até mesmo na esquina
crueldade se ensina
a pior faceta humana
ferina

humilhação pesada
volumosa baixa autoestima
teoria da conspiração por cima
o monstro está pronto
para arrebentar a civilização
só a morte sendo rima.

em face da legião sádica

viciados em sangue
vampiros fazem das guerras
o principal banquete

hecatombe ainda quente
libação
a seus deuses

no comando das mentes
tudo é motivo de briga
que justifique
rubros rituais orgíacos
do crime
onde se adoram mísseis
com nucleares ogivas
e psicoses coletivas

assim a humanidade
pelo atavismo da caça
primitiva
titubeia
tropeça pelo caminho
escrava do sacrifício
imposto como destino

quando
sob a mira da liberdade
enfrentam
a crise de abstinência sanguínea
os viciados se precipitam
ávidos
por gente morta e ferida
e pela batalha global
almejada overdose
genocida

libertária pontaria não falhe
antes que seja tarde
para o planeta
vida.

mordida do remorso

sob o capuz
algum carrasco chora
quando a vítima implora
pela vida?

agredido pelo pedido
carrasco tem asco
e mais forte o golpe revida

quem errado votou
sabe, mas finge que não nota
tanta gente morta
e quanto ainda sangra
a coletiva ferida

temendo o revide
agora silencia
pois sabia
o carrasco que se vangloria
jamais negou ser um genocida.

minoria-offshore, maioria chora em off

jogatina feita em bolsa
com toda a grana do erário
promove seu carnaval
corrompe assim o congresso
tornando o roubo legal

muita desgraça veicula
quem mais bens acumula
trapaceia, suborna
especula
vários coices de mula
para esconder falcatrua

gente que tanto trabalha
acaba morando na rua
cadeia, debaixo de ponte
em qualquer canto de beco
com a violência mais crua

mercado tão financeiro
apenas gerando miséria
consegue aumentar dinheiro

com paraíso fiscal
inferno pro mundo inteiro.

bastidor sombrio

atrás da loucura forjada
em forma de ameaça
fumaça religiosa e fanática
quem financia a desgraça
a permanente ferida com sal?

quais interesses empregam
táticas de ataque e recuo
dividir para reinar
dizer e desdizer
mentir para enredar
encenando a farsa
do bem contra o mal?

quem apaga a luz racional
fomenta hospício nas redes
e ruas
com excitação militar?

epicentro destrutivo
contra o estado nacional
quem são os agentes
dopados na orgia do capital?

cães de guarda ladram
na rima
caos, caos, caos
seus donos uivam dólares acima
a síndrome de escravizar
em superestado de cio

conluio e prática do poder bio
o roubo
doméstico e multinacional
abre milhões de sepulturas
e se pretende
o novo normal.

próximas eleições

não eleja carrasco
para não se tornar vítima

olhe no candidato
além do sapato
o casco
além da testa
o chifre.

em nome de

quando fé virou voto
corrupção foi ao topo
ética para o esgoto
nenhum escrúpulo
por todo lado lodo
acúmulo de crápulas
cada dia uma treta
voto em nome de
elegeu o capeta.

humanofóbico

não só teu sangue
vampiro almeja em seu mister

mas te fazer vampiro-escravo
submisso a seus caprichos
ser capacho
ser um bicho
obediente feito gado
pelo tempo que vier

por isso *fake-laça*
muita gente
faz trapaça
patriarca raça pura
grande amante da tortura
sangra
mata
e ameaça
rouba tudo o que puder

eternizar-se no poder
o que mais vampiro quer

mas lá vem potente estaca
no calibre da metáfora
também tem bala de prata
se mais monstro assim quiser.

resumo de uma
ópera-bufa assassina

línguas ígneas devoram
incontáveis animais e árvores
o ar violentado por fuligem

centenas de milhares
de pessoas mortas
por invasor coroado
minúsculo mutante
invisível
mancomunado com agentes
financeiros
políticos
cujos tentáculos virulentos
milhões atingem
de doença, fome, suplício

tudo porque um dia
um partido
nas urnas
não aceitou ter perdido
deu início
passo a passo
à união das gangues
de paletó e gravata
que no galope de um golpe
lançou o país no abismo
gerido por genocida
capitaneando um pelotão de sarcasmo
crueldade
bandidagem
no mais crônico e histórico
cinismo

tudo porque um dia...
um golpe
de rancor em nome
do *necroliberalismo*
lançou o país
no abismo.

ética do mercado

o fiscal do fiscal
também recebe propina

mais uma vez
sem trégua
a corrupção germina

o fiscal do fiscal do fiscal
segue a mesma sina
congressual
que a grana por fora anima

frondosa
cresce a pilhagem
suas raízes dissemina
e os frutos
de vários matizes:
aves de rapina

em voos rasantes
o bando grasna
sua cruel ladainha

lá se vão
os ovos de ouro
e mais definha
a galinha.

mercadominado

ávido o mercado
adora sangue de pobre
e de remediado
que se pensa rico
não acorda nunca
paga muito mico
mas sustenta a pose
de viver no pico

pura barbárie
ávido o mercado
colore persistente
sua própria imagem
sempre sorridente
de benevolente

manipulador
de sentimentos míticos
propina quadrilhas
e inusitadas gangues
de políticos.

reflexão eleitoral

apetitosa e saliente
isca marqueteira
no anzol virtual

mente adoecida por mentiras
e crenças
é fisgada facilmente
por rede social

e quando o que se tem é osso
qualquer resto de carne
vira voto
no fundo do poço?

conta-minados

família e arma
mesmo sobrenome:
nuclear

primeira
de afeto e ensinamento
delírio e fantasia
ninho

segunda
de artefato corriqueiro
a instrumento na pilhagem
morticínio
sangue alheio feito vinho
em paraíso-miragem

do arsenal de crenças crônicas
guerras
convencionais
e ameaça atômica

coletes de fanatismos explosivos
cingem populações agônicas
mais gatilhos
botões vermelhos
derradeiros

verdes?
na viagem
deixados no bagageiro

de ódio e fé
incontáveis minas
espalhadas pelos caminhos

resistente
a consciência se desvencilha dos espinhos
mas desatina
tomba
na dúvida sim-crônica:
como desarmar
tanta gente-bomba?

sem régua

nenhuma ditadura presta
verde, amarela
podre, madura
enganosa promete
segurança
fartura

catártica
várias vezes testa
implanta
diversas práticas
de tortura
assassinato
todo tipo de falcatrua
e censura

nenhuma ditadura presta
se usa máscara democrática
eleitoral
na economia
é tirânica
para a maioria
letal
impôs sua liturgia

nenhuma ditadura presta
racial, étnica
moralista, hedonista
laica, religiosa
constitui
a forma arcaica

de os violentos ambiciosos
fanáticos desonestos
por onde passam produzindo
desespero e deserto
roubarem os ingênuos
pacíficos e honestos

mais propaganda faça
com dinheiro privado
lavando/lavado
roubado do erário
executivo, legislativo, judiciário
ameaça, morte, mordaça
maligna prosa
do poder à relação amorosa
não importa o contexto
a lucidez contesta
empunhando o protesto

sob qualquer pretexto
nenhuma ditadura presta.

na iminência da terceira treva mundial

quando a ditatorial vaidade ferida
desfere seus coices
até com luvas de pelica

corações abrigam arsenais de ogivas
enraivecidas
pelo desejo de exterminar a vida

esqueletos insepultos
soprados pela i.a.
brandem, bradam
afiadas crenças
iras vingativas vomitadas
insultos
tsunamis de mentiras
outros tantos tumultos

o planeta
incandescentes mágoas-lavas
expele
mas antes regurgita

vale mais descer ao vale
pelas mãos do afeto
buscar a via
consultar o silêncio arquiteto
evitar a briga

se a ambição
por impulso fóssil movida
tudo em volta destrói e ilusões garimpa

mais corações precisam pulsar
à base de energia limpa.

governânsia global

a cleptocracia mundial
em sua rotina cruel
autocria o caos

seu vício
com amplos *marketincídios*
convence a todos
ser pacífico
apenas ofício legal
ou mero exercício
de ser rico

a cleptocracia mundial
com seus *politicorruptos*
mente defender os povos
a eles ser
inteiramente fiel
e prossegue
prossegue promovendo
o caos
e nele delirantes
novas torres de **b**abel.

eleitoral barbárie programada

querem voto à bala
por isso chacinam
comunidades
asfixiam
e disparam rajadas de pilhéria

querem o povo
manada
a passos de medo
e miséria

querem voto à bala
daí a escalada
intimidatória
de ameaça, mentira, raiva
política no todo predatória

querem voto à bala
e continuar
sugando as mamas do estado
enquanto semeiam velório trágico

querem o poder eterno
sobreposição de casta
mas tudo na vida
é provisório
e o voto secreto
há de ter coragem
e gritar um BASTA!

o vício da criação

ambição e delírio
ódio no cio
criaciocínicos
criaram
criam
recriam

mitos
para vender mentiras

vírus
para vender antivírus

medos
para vender segurança

doenças
para vender remédios

desespero
para vender crenças

guerras
para vender paz

miséria
para vender paraíso

assim por diante
ambição e delírio
ódio no cio
criaciocínicos
criam
recriam
delirante processo
de sufocar
por excesso
a consciência

falsas mercadorias
ambição e delírio
ódio no cio
criaciocínicos
criaram
criam e recriam
compra e venda
mente sombria
nos olhos venda
coração vazio

contra muro e treva
entretanto
sol de dentro
mundo afora
abre fenda
sempre
verdade versus lenda
a vida eleva
liberdade
senda.

o pior deles

o mais perverso
em nome de deus, mente
a cada palavra que sai de sua boca pútrida

o mais perverso
em nome de deus incentiva compra
contrabando e uso de armas de fogo

o mais perverso
em nome de deus defende assassinos
culpabiliza vítimas
e vai tornando cinza
o verde da bandeira nacional

o mais perverso
em nome de deus apoia tortura e chacina
deixou de comprar vacina
e zombou das vítimas da covid

o mais perverso
em nome de deus, família e pátria
lança a todo momento
incentivo aos comparsas
da violência rural e urbana

o mais perverso
suborna com dinheiro público
para seguir ileso
apesar de seus tantos e cruéis crimes

em nome de deus
o mais perverso e seu time
no real e no imaginário
de destruição deixam rastro

com farsas de contrição nas caras
firmam o projeto infame:
formatar crianças e jovens
para serem mais tarde monstros
a serviço da delinquência global
do capital insano

o mais perverso
em nome de deus e dos seus
quer transformar a nação
em pura perversão
mas um dia há de ir
para o banco dos réus.

por todo lado uivos

lobby não parece
mas é voracidade de lobos
trejeito de hobby

quase nunca petição de direito
mas privilégio com jeito
de comigo-ninguém-pode

paletó, gravata, propina
lobby
corrupção ativa e passiva
com purpurina
sobre o índice da miséria
que sobe.

decisão

quem vota
anula, justifica ou branqueia
de toda forma
opta
pela democracia
(direito de votar e ser votado)
ou por sua derrota

quem vota
saiba ou não saiba
opta
por mostrar seu caráter
e a consciência
com o tempo
é quem dará sua nota

quem vota
não escolhe apenas candidato
mas progressiva melhoria de vida
igualdade e harmonia coletiva
ou privilégio e violência
de uma casta

eleição não é futebol
nem loteria
nada que depende de sorte

quem vota
opta:
os próprios instintos de vida
ou os de morte.

corrosão histórica

golpe de estado impôs república
militar, latifundiária
monárquica, contudo
vício do golpe atrás de golpe
gosto de matar agudo

que isso um dia acabe
essa mentalidade de senhor de escravo
ao mesmo tempo vira-lata
fome fúria
pelo erário
propina em real
dólar
ouro ou prata
lambança de lama
e incúria.

contrafar$a

conversa fiada
chega!
lei de mercado não cai do céu
é inventada
por quem mais
fez e faz
da agiotagem
sua cruzada
assassina sem ser notada

chega de lorota
lei de mercado
é coisa de magnata
conchavos, dígitos, negociatas

lei de mercado não cai do céu
bolsa balão de ensaio
babel
em altos decibéis
vaivém volátil
de sangrentos e
abstratos
papéis

lei de mercado
pode
ser reinventada
invertida
em prol dos pobres
e a página da barbárie
para sempre
virada.

escravismo financeiro

vira e mexe
alguém cai a bolsa
sobe o dólar
míngua emprego e salário
põe mais gente
morando na rua
estado mental
deletério
fila do osso
hospital
necrotério

manha de gatos
alguém vocifera grosso
em defesa
do teto de gastos
para que os ratos
velhos e novatos
representando o mercado
abocanhem sempre
as tetas do estado
sobejas de juros

cassino imperativo
bilhões em jogatina
de capital improdutivo
traçando destinos
e a sanha assassina.

má-fé

mente
sabe que está mentindo
finge
segue fingindo

vê, ouve, lê
sabe que é mentira
finge
crê
segue fingindo

cérebro e coração
de astúcia tinge
e segue se *autoapodrecendo*
amarelo rindo.

questão visceral

como despertar da hipnose coletiva
parte de um país que se tornou fratricida?

como despertar milhões de mentes
ruminando venenos
nas redes espasmos convulsivos
nas veias recebendo explosivos?

despertar tanta gente da hipnose coletiva
é o começo da reconstrução positiva
para melhor se viver a vida

gente acordada
deve estar mais unida.

contraponto

bruxas nada fizeram
para serem caçadas
mas, sim, antidemocráticos-genocidas-racistas-machistas-
                                      [-homofóbicos
e sobretudo encapuzados terroristas do mercado

bruxas nada fizeram com suas poções mágicas
vassouras voadoras
gatos
e risadas
mas, sim
os amantes do ódio, retrocesso e crueldade

bruxas apenas se rebelaram e rebelam
contra inquisições e cruzadas

ego inchado de ambição, preconceito, brutalidade
sim, deve ser caçado
desinchado
e reconectado com a humanidade.

no laboratório

cobaias dos que
nos neocolonizam
saibamos
a arma do cowboy
com nosso ferro é feita
e o berro de nosso medo
cunhado no engenho
à direita
mas também à esquerda
sempre do pai

não se engane
a mãe
está presa no porão.

recorte da crueldade

políticos digladiam por cargos
religião negocia eleitorado
ruralistas, mais espaço para a soja e para o gado
isenções e todo tipo de agrotóxico
banqueiros riem à farta...

enquanto isso um cão de rua
lambe as feridas de seu dono
usuário de crack
que foi queimado
por jovens ricos
sarados
saídos da balada
em êxtase de ecstasy...

assim tais fatos enlameiam o país...
e imbecil pensa que é fake news.

desinfância

cuidado!
que o aviãozinho morre em pé
combatente de uma causa perdida
conformado com a redução da própria vida

cuidado!
promovido, ele ganha de presente
uma arma com um pente
de bala cheio
completamente

atente!
poder é o que ele sente
brotar no mais íntimo de si mesmo
e de repente
em busca de carinho e leite do peito
pode entrar nesta página
atirando a esmo.

milogro

ingênuo afã de $agrado
fal$os profeta$ dopam
e afanam abençoad_s

que lograd_s
permanecem drogad_s
numa redoma
(ameaça e mito)
com vistas ao coma.

moldura atávica

alcoólico
por completa ausência de colo

noia
em nuvem de crack submerso
trôpego
deserto
sem qualquer oásis de afeto

milhões de escravos
de todas as cores
acorrentados
nos mais diversos tóxicos
suplicando útero
onde possam
recolher-se em afagos

este o retrato
da prematura espécie
insatisfeito seu mundo
sempre incompleto

o resto
bazófia
de gente dopada
atolada em frustração e ódio
se achando o máximo.

agromonstro

insaciáveis bocas
o *agro-hidra* late latifúndios
rosna generais
uiva monocultura
delírios coloniais

floresta no pelourinho
sadismo tossindo
chuva tóxica
sobre lavouras
gentes, bichos
mananciais

escravizados fugidos
revolta nutrindo
palmares/**c**anudos
ancestrais.

pingo no i

por favor, tire a venda.
olhe bem, entenda:
desigualdade é consequência.
causa? concentração de poder
riqueza
patrimônio, renda.
projeto: eternizar o roubo.
método antigo: trapaça, ameaça
violência.

mantenha a mente atenta:
preconceito de gênero
e raça
além da crueldade extrema
é o que alimenta
a roda giratória
do gigantesco esquema.

retinto

mercadominado

ávido o mercado
adora sangue de pobre
e de remediado
quem se pensa rico
não aceita nunca
paga mico é mico
mas sustenta a pose
de viver no pico

pura barbárie
ávido o mercado
colore persistente
sua própria imagem
sempre sorridente
de benevolente

manipulador
de sentimentos mínimos
propina quadrilhas
e insólitas gangues
de políticos

explanação

não apelo para a pele
a fim de gerar pena

meu apelo é desvelo
de uma consciência serena
para além daquela alma
branca e tão pequena
que negava a si mesma
e a tudo
que ao prazer acena

a cor da pele escura sela sinais
pelos quais todos passam e haverão de passar
em algum momento na vida
com brisas ou temporais

em rubro horizonte cintila
comboio de amor e paz.

tabu?

como se pecado fosse
ninguém fala de brancos

brancos não são brancos?
ou serão róseos
amarelo-pálidos
quase pardos?
loiros?
morenos?
negros desbotados?
existem mesmo ou apenas claros?

ninguém fala de brancos
como se fosse pecado

chega o verão
todo mundo bronzeado.

ogunhessência

palavra negro
treva de corpo inteiro
mergulhada na luz
do orixá guerreiro.

vocês aí...

que matam estrelas em suas peles claras
quando nelas amordaçam a noite
latejante sempre

usufruem heranças *euroquases*
balançando ao vento chapinhas-base

gingas pálidas
de *afroinválidas* culturais muletas
trotam tretas
de brasilidades melancólicas
ajoelhadas ante santidades loiras

socialmente brancos
mas quando todos os gatos são pardos
também se tornam alvos pretos.

doação

por dentro e por fora
a noite dança
senhora do tempo e da memória
bem-aventurança

por dentro e por fora
melanina os medos
dona do espaço
sombra
samba-nos em aconchego

nina
mistério e esperança infinita
anciã e menina
a noite dança
enquanto medita.

abolição

"liberdádiva"
ou dívida
(não paga):
milhões de vidas
tragadas
pela ordem e progresso
azul, verde, amarelo
e branco
corrosivamente branco?

ponto de vista

de **c**astro **a**lves
a **p**aulo **p**aes
os brancos falam de **p**almares
como não sendo seu

eu falo dele
porque ele sou eu.

civilização em três atos

mataram quase todos
atearam fogo nas casas
escravizaram os demais

na reintegração de posse
derrubaram sonhos
construídos com suor e esperança
e cortaram as asas
até mesmo dos fantasmas

agora se apavoram
com a noite lhes adentrando
pelas frestas.

dificuldade intramuros

não é ser negro
nem ter sido o esteio do mundo
mas o titubeio do branco
em me aceitar
como igualmente humano

a dificuldade é a crença
do branco
de ser super-homem
mesmo quando
à míngua
os vermes o consomem

a dificuldade é a criação
de um deus
à semelhança do branco
para mandar em tudo

a dificuldade é a culpa
abraçando a convivência
no coração dos brancos de boa vontade.

jogo

jogas banana
não como

tua ignorância
domo

se ódio
meu escudo
retomo

paz no coração
somo

mais desbotado sejas
negro-descendentes
todos somos.

mente podre

ser pura raça pensa
se alimenta de ódio e medo
de mal com a vida
cavalga o desespero
defendendo privilégios
como se fossem direitos

face à ameaça
de igualdade
a palidez queima
estupidez se enfeza
atira raiva
fere
mata
e alega
legítima defesa

diariamente se alimenta
de ódio e medo
sonha atrocidades
pensando que é força
sua visceral fraqueza

armado de covardia
crueldade na veia
seu melhor destino:
cadeia.

atracação

é difícil suportar
que o tataravô foi escravizado
o bisavô não soube da liberdade
o avô teve o pior salário
o pai ficou desempregado
e você está na iminência de consumir
maconha
crack
ou morrer à bala
numa roubada qualquer

abandonar a história
os covardes querem
mas o mar chega à periferia de toda cidade
com seus navios tumbeiros
para lembrar
que nenhuma favela nasceu por acaso.

constatação

desde os trabalhos forçados
álcool fala mais alto
à nossa gente
abre mais cedo a sepultura
após seguidas manhãs de ressaca
delírios
funduras

fascínios se elevam em ondas
desejos surfam
e se afogam no gol
contra

pior que algema de ferro fundido no corpo
álcool
prende no pelourinho
espanca
até o dom de sonhar
estar
inteiramente morto.

apelo a contrapelo

quando olho, menino, menina
as regras do engodo
e você
se deixando enredar
no logro
dessa dor estatística
em que és a bola da vez
no teu teste de fogo

quando olho, menina, menino
as regras, te rogo
tento gritar teu nome
mas tua atenção se afoga
no jogo
onde o amor flerta com a droga
a coragem
o pipoco
na queda de braço
entre a quebrada e o fosso
de prazer nenhum
ou tão pouco
e o sangue
de tanto gritar está rouco

quando olho, menino, menina
pra chamar teu nome de novo
a maldade de alguém
já o eliminou do horizonte
como fez e faz
com tantos outros

acorda, menina, menino
do sono que te faz invisível
ante o espelho ancestral
que te quer confiante
sapiente e sensível
na vida real

acorda!
foram deixados sinais
em beiradas, atalhos e brechas
dos precipícios da vida
por onde é possível passar
encontrar parcerias
compreender os meandros
de trevas e armadilhas
prontas pra te parar

acorda e vai, menino, menina!
se preciso por vãos e franjas
e pra que nenhum raio te parta
gingapastinhabimbajanja
driblapelégarrinchamarta
como flecha fazendo curvas
ziguezagueando a ilusão das retas

não é fácil mas dá
pra ultrapassar tais muralhas do sono
com as quais te trancam
no mutante labirinto
onde, então, te fechas
pensando que eu minto

acorda, menina, menino!
ginga, dribla e passa
pelas brechas de olhares murados
e espinhosas outras barreiras impostas
nzinga**z**umbizando o caminho

desbanza o redemoinho
que insiste em te habitar
distingue aliados de inimigos
e vai
ginga, dribla o monstro do limiar
alarga e quando der
abre novas brechas
pra mais gente passar.

enigma da mutação

negro é o branco
que se pintou
ou
branco é o negro
que desbotou?

lábios, cabelos, narinas
o que se expandiu ou se estreitou
da *primatavó*
ou do primatavô?

meu *desdesejo*

felicidade abaixo da linha da pobreza
beleza que embranqueça a minha pele
meus serenos sentidos de ser negro no mundo
e atue
como o ponto cego de meus afetos e impulsos?
não quero
e se entrar
expulso.

cena

um beija-flor de dedos
seduz o pandeiro

ainda no casulo
a borboleta menina
sinuosiando a ladeira
cria coreografias
e logo abre asas
de porta-bandeira.

crespa cantiga

meus cabelos condensam vivências
que nenhuma chapinha alisa
sabem segurar os mistérios da ventania
e segredos miúdos
que o tempo encrespou e encaracolou com esmero

não há chapéu que abafe
o axé plantado
por cafunés

minha mãe
sabedora de histórias antigas
pôs um véu de paz na cabeça
para enganar o turista

do coração da gente
varreu a guerra
mas segredou já no útero:
"a luta continua
e a vitória está na serra
da barriga das mulheres".

mãos em comunhão

ouço a chuva se deitar com os sóis que insistem
e nos entremeios
lamentos de senzala
sonhos torturados que resistem

zelo
para manter os elos
entre os rebeldes ritmos

pulso
pulsas
ouso
ousas
assim liberamos
a noite luminosa.

meritocracia

tem mérito
quem jamais teve seu grupo histórico-racial
discriminado
e nunca sofreu bullying pela cor de sua pele

tem mérito quem na prova é aprovado
sem jamais ter trabalhado
para se sustentar

quem não sabe e não soube o que é fome
e no próprio país
o exílio social

quem nunca teve leis
impedindo seus antepassados de estudar, trabalhar, sonhar
ter salário e ser proprietário

quem
cujos tataravós receberam terras para plantar
sem qualquer verdadeiro compromisso de pagar

tem mérito quem, assim, é classificado
nos mais variados concursos
com louvor

e qual o mérito de quem tem de lutar contra o contrário
de tudo o que aquele tem a seu favor?

racísmetro

se mede pelo tanto
que mente
delirante ódio
gelo incandescente

se mede por invasões e pilhagens
em vários continentes
sementes de impérios
como espada e escudo
a divindade pálida
pés de barro e sangue
frágil em conteúdo
vingativa
arrogante
para ser onipotente

se mede pelo medo
das evidências
de que todo "povo"
tirando as aspas
é afrodescendente
como prova a ciência
genótipo puxando a máscara
da fenotipia decadente

se mede pela raiva
inconfessa
do desbotamento
provocado pelo tempo de confinamento
em frio extremo

e pela extensão persistente
do estigma
comparando melanina
com sujeira ou tinta

se mede pela porção de teoria
que lota o lixo
com o delírio da racial hierarquia
e a prática da biopolítica
parideira da morte
em nome da eugenia

se mede pela incapacidade
milenar e crônica
de empatia.

racismentário

começa em casa e daí decola

como funciona na cozinha, quarto
corredor, quintal, sala
e segue à vista ou camuflado
em todo nível de escola?

feito conteúdo e forma
atua de que modo
na literatura
fotografia, pintura
dança, música, escultura
teatro e no cinema?
como chegou em nível de sistema?

caminha como o racismo em bairro chique
médio e na quebrada?
como atua no estádio ou na várzea
na biqueira e no boteco?
qual é o eco do racismo no terreiro, igreja
baile funk, no xaveco
capoeira, samba, rock e até no rap?

racismo vem de longe
mas em casa é que começa
na família
se amplia
não há breque ele não cessa

com malícia ele confina atrás das grades
e no geral vai detonando
na justiça, mídia, economia
nas três armas
indústria, política, comércio
milícia, tráfico, polícia
impõe estátua e todo o resto

quando pensa que acabou
ele doido recomeça

desarmá-lo e derrotá-lo
o que interessa
a todo instante, toda hora, em todo dia
em qualquer canto e toda brecha

complexo e antigo
dele se tem fóssil
duro como rocha

se cansou, descansa
(a tarefa não é fácil)
descansou, levanta
acende a mecha
em seguida a grande tocha
e pega teu martelo

primeiro quebra a própria casca
dela se livra
põe no lixo
alcança agora a britadeira
e toda ferramenta
do pensar com sentimento
estratégia, ação e argumento

vamos nessa
demolindo e construindo
falta muito pra este mundo
é urgente
temos pressa!

lições fundamentais

há personagem negra
que não se abate
nem morre
no fim da história

importante falar dela
saber
como fugiu da cela
nutriu imaginário e memória

armadilhas driblou
na trajetória
abriu ou pulou
cancela
cultivou nos olhos
permanente janela.

sombra e luz

ancestral desde quando?
de antanho, do lustro, da década
do século ou milênio passado?

ancestral que ficou
ou veio
na travessia do mar agitado?
ou de muito antes
quando nos tornamos sapiens itinerantes?

ancestral desde quando?

ancestral-miragem
sutilmente imposta
para manter a sede
nostálgica da origem

ilusionista e am*pla teia*
neoescravista tecida
promete oásis
mas apenas entrega
areia
da ampulheta perdida

ancestral-verdade
não promete almoços
milagres, ceias
mas tem nome
aqui, agora
endereço da mina
onde brota a herança
a ser injetada
em nossos sonhos e veias

sem místicos poderes
ancestral tem nome
e ao invés de ilusões
nos jorra saberes.

vulnerabilidade

morar em meio a tiros
de milícia, tráfico e polícia
humilhação como carícia
não é nada fácil

muito abuso
fica confusa
a decisão na urna
pelo pavor vivenciado
com a incursão racista e terrorista
do estado

sitiadas pelo crime organizado
comunidades sussurrando
não é nada fácil

violência como rotina
além de carência
que se rebobina
não é nada fácil

álcool, droga, pedágio pra malandro
disputa pelo território
do comércio, da biqueira
pipoco
enquadro, esculacho
crime por qualquer besteira
não é nada fácil

contra muros, armadilhas, armaduras
e o deus mercado
apunhalando pelas costas
desponta
aponta
à média distância
um futuro de abundância
mesmo a esperança não sendo fácil.

hier*amor*arquia

amo e ama
não amam
ama de leite
nem ama-seca

apenas o deleite
elas mucamas
de cama, fogão, mesa
quando não
eito

depois as deletam
como da família
tão somente fossem
rejeito.

confins na mente

que prisão é essa
para onde em massa
inocente e culpado envereda
pela injustiça que virou regra
sobretudo contra a gente negra?

que prisão é essa
de onde um mínimo se recupera
e o restante já era
volta ao crime
a fim de não morrer de fome
porque ninguém o reintegra?

que prisão é essa
penitenciária onde a penitência
jamais acaba
navio tumbeiro atracado
no deserto de política macabra?

que prisão é essa
onde se ri da desgraça
esperança é nenhuma ou escassa
futuro nem promessa
só o desespero abraça?

que prisão é essa
de constante ameaça
memória de massacres
desumanidade a toda prova
sai e entra governo
e o projeto
de crueldade se renova?

que prisão é essa
em prol do lucro de empresas
onde tanta gente indefesa
enredada morre
nas armadilhas da vileza?

mais um brinquedo
da facção engravatada
que esbanja riqueza.

silêncio em guerra

sofrimento como antessala
de um fim trágico projetado no imaginário
a ferro quente
pelos impérios que se sucedem
gritando coloniais impropérios

muita fumaça que disfarça
o não saber existir
de quem mata, violenta, ameaça

mas até as raízes se põem temerosas
ante ancestrais tempestades poderosas

nenhum ponto riscado
como herança
para serená-las

além da porteira
porta-bandeira e mestre-sala
coreografia guerreira
quem fala

ígneos nós
a se desatar em grupo
e a sós
acesso ao saber
genuíno
de nossas e nossos avós.

passado

depois que as gotas secaram
o chão ficou encerado
de vermelho

hoje todos dançam no salão escorregadio

quando digo que pisam meu sangue
ainda tem gente imaginando que eu minto
mas a verdade é:
invisíveis
as gotas ainda pingam.

sem exagero

quando você é uma ilha
cercada de brancos por todos os lados
claro
o escudo há de ser
dos bem-comportados
aquele sorriso

mas, calma!
não precisa arrancar seu dente do siso.

quando agora

hoje meus filhos comem pão
meus amores nutrem-me as mais recônditas paragens
do coração

para os pares: insensato!
furei a bolha senzálica

quilombola e cimarrão
fui para cima dos capitães do mato
transformar o veio
em rio
banir o autoflagelo
fazer o fogo
contra o gelo
dos olhos azuis

hoje a casa-grande
até pela boca da senzala
brande seu rancor contra a manteiga
que eu passo no pão
e a minha gravata
bandeira
à beira do abismo
desmentindo-lhe a altura
e seu ilusionismo

pretos bonecos
de ventríloquos brancos
tecem roupas de gala
para discursos que os protejam (na vala)
de travar a luta diária
de tantos palmares
surgidos
pela cidade e pelos rincões

exércitos mamulengos
para capturar
aqueles que furam o cerco
e ameaçam fazer
o antigo sobrado desabar

como exige a regra
há os conformados com seus lugares
à espera da cesta básica de alienação farta
ilusórios salários
futuro servir em lupanares
do poder

agora meus filhos comem pão
que o diabo não amassou
meus amores nutrem-me
do mais salutar calor
mas sei
em sentinela
que não cessou a guerra
e se faltar energia
acendo a vela
e não me iludem
invisíveis grades da cela.

diasporáfrica

minha **á**frica mítica é herança de travessia
pelo mar da morte, da violência, da asfixia

minha **á**frica mítica é construção de valentia
do abafado porão ao quilombo que se erguia

ventania de sonhos, segredos de camarinha
agonia desembestada no navio que se avizinha

enguia nadando mistérios no corpo da ladainha
magia de ir vivendo como quem nunca se alinha

sabia: **á**frica mítica era somente minha, que saí
com o cérebro e coração dos **p**almares **z**umbi

herdei a longa saga a me desafiar na estrada
ousada roda de mártires a se reunir em poesia
queria africanos soubessem dessa trilha semeada
ritmos e saberes que vender não se podia

harmonia não do passado minha **á**frica mítica
resistente, bela e presente é quem frutifica
o sonho de liberdade que até hoje na caminhada
cospe no mercador seguindo mesmo enlutada

encantada esta **á**frica não é de africana parida
nascida de mulher marítima no meio da travessia
não vendeu nem vende filhos ou escraviza
dentro dos guetos a revolta prepara e prioriza

áfrica mítica minha de energia deu-me um oceano
por isso quilombola, negro-preto, não sou africano.

identidade nacional

entre o negro e o mestiço
passa um ácido rio branco
em meio a um pântano movediço

entre o mestiço e o branco
corre um rio negro
ladeado por pedras cortantes

entre o negro e o branco
passa um rio mestiço
lado a lado matagal espesso
de venenoso espinho

no encontro das águas
delírio das piranhas
hipocrisias risonhas
e sangue
ainda muito sangue
e espanto postiço.

passos sobre os percalços

são muitas as chacinas
retalhando sonhos

a crueldade cresce a cada sorriso
a cada novo passo
na dança
conquistando o espaço
a cada nova esperança
que repentinamente rompe o asfalto
com suas cores vivas e seu envolvente perfume

a crueldade cresce a cada novo negro universitário
ou profissional com ótimo salário
a cada jovem infrator reabilitado
a cada crespo assumido em inesperada estética

a crueldade cresce a cada poema escrito
com a melanina interna
que o fundo dos olhos revela

a crueldade cresce a cada doméstica
resoluta no curso noturno
a cada prostituta que deixa a zona
e aposta no futuro
a cada marginal que deixa o cano e adota o livro
a cada pessimista se lavando no entusiasmo
e após o banho
saindo de cabeça erguida

a crueldade cresce em tiros
agressões verbais e físicas
e se expande
com a galeria de humilhações dispostas
no acervo da casa-ainda-grande

são muitas as chacinas
de tocaia pelas esquinas
por um **b**rasil covarde
hábil de malabares
ardendo em febre
pelo apego aos privilégios seculares

a crueldade semeia abismo
pelo caminho

profundo ódio aguçado
por refinada hipocrisia: racismo!

equívocos

negros se casam com brancos
pensam cabelos lisos para os filhos
olhos que sejam claros
mesmo que vazios

brancos se casam com negros
sonham filhos não pálidos
lábios afeitos ao beijo
temem cabelos crespos
e narinas de asas largas

identidades pousadas
sobre o muro
como pássaros condenados pelo olhar do gato
e seu planejado pulo

falta alçar o voo sensato
para dentro
do ancestral comum
vislumbrar a beleza
ainda invisível
a olho nu.

cabeleireiro em casa

máquina de cortar
tesoura em punho
meu pobre pai
brancura enquanto fetiche
ensinou que ao me pentear
eu me agredisse

com aquela caturrice
chegaram ferro quente
química corrosiva
apliques de todo tipo
navalha até a calvície
perucas abafa-mente

ele se foi muito cedo
ainda com aquela crendice
bom ter cabelo escorrido
pente estreito de osso
raiva anticrespo em riste
ingenuamente querendo
livrar-me do ódio racista

de seu cuidado confuso
quase tosco, inocente
lembro mais da tristeza
filha daquele pastiche
alada em sutil assobio

sem a paterna sandice
hoje ao me *crespentear*
autoestima em cada fio
nenhum caricato meneio
leve e suavemente
sorrio, me acaricio
alegre me cafuneio.

claros oscilantes

nem lá nem cá
o riso irônico
encurralado no templo
da consciência em pânico

ao menor sinal
todo o pelo eriça
de não saber por onde
recusar a ascendência
negra
para afirmar a mestiça

íntimo dilaceramento cediço
sob o manto de silêncio
de querer-se branco
não falar mais nisso
de ancestrais escuros
exigindo compromisso

alvo
dos gritos
assombrando a identidade trêmula
mestiço
entre imaginários extremos
do espectro

medo de feitiço.

açum-preto

teriam furado seus olhos
para, assim, cantar melhor
se açum-preto fosse branco
e cantasse bem pior?

que canto é esse
sem nervo
de minha gente de cor escura
ainda cega
para a paisagem
de uma vida futura?

mãe?

áfrica nunca foi mãe
nem **á**sia, **e**uropa, **o**ceania, **a**ntártida, **a**mérica e a síntese
terra
de escravidões várias
nostalgias da origem que no abismo se encerra
ânsia de quem nasceu nu pondo a língua de fora
a imensidão à espera e um desespero de quem sofreu despejo

mais velha porque nasceu-nos para a história
áfricaterra
começo das trilhas até os extremos precárias
em busca da estrela que fugiu sorrateira
enganando os otários

filhos somos da única diáspora
a solidão opaca
feito galáxia

áfrica nunca foi mãe
nem **á**sia, **a**ntártida, **a**mérica, **o**ceania, **e**uropa e a síntese
terra
femininas no léxico, masculinas quimeras
aos fetos as dores todas do parto
e o pranto: onde está minha casa?

rebentos lançados fora
a insana luta para não ser lixo cósmico

dá-me a tua mão
no macroespaço
somos órfãos profundamente solitários.

verdade

não minto
omito
a dor demasiada da chaga
perdida no labirinto

— oh, mito! vômito tinto?!
— desculpe o sangue com absinto!

não minto
nem omito
que sinto e sou
retinto.

nos búzios

houve, há e haverá
escravos da casa-grande
lapidando palavras
para agradar o sinhô e a sinhá

não compõem tais pérolas
o opelê
deste meu jogo de **ifá**

destino do povo
sem gaguejar:
sonho se abre
com palavras-martelo
picareta
enxada
pá

cabeça feita na pedra
ferro
água e vento
o músculo robustece o tempo
criar é o fundamento.

indignação antiga

quando arrasado
mãos dadas com o suicídio possível
à beira do precipício
é de se perguntar
o quanto de racismo há nisso

apupos de rancores reativos
acusação de revanchismo
e problemas só do indivíduo?
das entranhas vem à tona nosso vômito coletivo
prantos e protestos
rejuvenescidos.

racistócio

com desculpa de proteger
seguem prendendo
inocentes e bandidos

encarcerar é negócio antigo
mesmo com a dor doendo
preso não vota
rende uma nota
trabalha de graça
dá lucros e dividendos
neste acordo entre amigos

ou matar
(abate, na boca dos sanguinários
governantes tarados
por órgãos frescos
para o clandestino mercado)

razões da delinquência?
presunção de inocência?
esquece
gira sem compaixão, justiça ou ciência
a roda da crueldade, *fé-natismo* e lucro

o horizonte querem
cada vez mais gotejante e rubro.

em questão

ancestral é mais que antepassado
na comunal cadeia
que do entusiasmo nos fez da vida
centelha

não desconhecido transmutado em mito
gerador de um nós aflito
ante a história comum
desde antes, bem antes...
centro da **á**frica
raiz que se exuma
somos um...
ou melhor, uma!

antepassado passou com nome feito nuvem
ancestral se foi voltou
para habitar corações e mentes
feito semente e lúmen

antepassados são muitos
dispersos na sombra
ancestrais alguns
imersos no sol de seus feitos
pelo exemplo eleitos
egunguns.

colorismo

dois negros
duas medidas
se claro
tem saída
escuro
porta proibida

dois negros
uma ferida
imensa e comovida
passado sangrando ainda
mortes desde a partida

dois negros
duas medidas
escuro
dois pés na senzala
claro
um na senzala
outro divisa cozinha e sala

dois negros
uma ferida
ser e não ser uma ilha
em um mar de crueldade
sem trilha
alvo de quem persegue e humilha

dois negros
duas medidas
claro vantagem leva
escuro
restritivas

dois negros
uma ferida
à espera da solidariedade
cura
a ser vivida.

diz crime, nação!

nem sempre a gente pega e vê
às vezes surge
e desaparece
feito comercial de tv

um clic nos olhos
um sorriso blasé

na tela ou no texto
neste quesito
o que se atesta
delito
não presta
apesar do tempero
ilícito

resta:
humilhação no sofá
com jeito de festa privê
e propaganda de montão
para você
genocídio nas quebradas do escuro
onde ninguém percebe
se percebe não crê.

pessoas

não somos corpos negros. somos pessoas.
ainda que um dia tenham nos vendido como coisas
em troca de galões de rum ou pinga
espelhinho, arma branca ou cuspidora de fogo
tentado nos transformar
em máquinas de carne e osso

não, não somos corpos negros. somos pessoas.
por mais que a palavra não ressoe
pássaro do alheio peito
preso no egoísmo ou medo
desista e não voe

não, não somos corpos negros. somos pessoas.
universo de dentro engolindo o de fora
ancestral memória
raiz que revigora

não somos corpos negros. somos pessoas.
energia movendo a matéria
cultura, tradição, história
por mais que o branco rancor remoa
cadáveres sem vida vivida
legado
vermes que se divertem
em amorfo aglomerado
ou aguardem aquecer o que foi refrigerado

não somos corpos. somos pessoas.
para além do *racismossigno* epidérmico
pois o toque negro
reverbera, ecoa
calor das minas mais fundas do mistério
que a origem da espécie abençoa

não, não somos corpos negros nem apenas corpos. somos
           [pessoas
e se não o formos não mais seremos nós
apenas transe da matéria
à toa

não somos corpos, somos pessoas.
do cosmos inerente parte
acesa
em noite-veludo
agasalho da vida e do que
por inteiro não se sabe
jamais se revela
apenas se doa

não somos corpos negros ou apenas corpos. somos pessoas.
tudo o que nos vai por dentro
negro fora ressoa
melanina sendo irmanada
mesmo periféricos, centros somos
pessoas.

grande obra que se desdobra

não tenha pena da mentalidade de escravo
criada na casa-grande
mantida e alimentada com humilhação e chicotada
por capatazes e do mato os capitães
de hoje, ontem e não mais amanhã

não tenha pena da mentalidade de escravo
elaborada para que ele, o escravizado
sempre tenha medo de dar o passo para fora da cela
para além da porteira, do arame farpado

não tenha pena da mentalidade de escravo
ela é o pelourinho no coração e no cérebro encravado
para que a vítima suicide a própria coragem

não tenha pena da mentalidade de escravo
ela existe para destruir o entusiasmo
o prazer de viver e a vontade

não tenha pena da mentalidade de escravo
vamos eliminá-la com arte e ímpeto solidário
para que da consciência no alinhavo
livres sobrevivam a irmã e o irmão escravizados
construindo o quilombo planetário

não tenha pena da mentalidade de escravo
é o XXI o século libertário.

contra dicção

apesar do chá que fascina
vaidades na academia
o poema negro digladia
contra a hecatombe
vivida na periferia

e abomina a indiferença
que se quer neutra
sendo assassina.

hora de horizonte no ori

se constato
antigos reiterados
criminosos fatos
qual o próximo passo
reparos
preparos
a se contrapor
à repetição dos fatos?

se denúncia faço
qual o próximo ato
contra o muro de aço?

baseado, rapa, pedra, cerveja, cigarro, cachaça?
ziriguidum ou poema que se chapa
de angústia e raiva
orando e suplicando: não nos matem!?

se a chapa tá quente
desde a prisão em **á**frica
fumaça constante
de pura ameaça...
que rasteira
benção ou rabo de arraia
abre o horizonte
que a alienação de nosso povo tapa?

se tudo isso constato
para além do desabafo
qual o próximo passo
a régua e o compasso?

ainda alguém se ilude
com solução fácil
revolução de *live*
ou ancestral que nos salve
o ori de tanta gente capturado?

imaginar é preciso exercício
praticar imprescindível
o eu e o coletivo
reciclagem permanente
dos vetores que viram lixo
e criação de novos princípios

tradição?
dinamismo
ou ninguém se livra do precipício.

quem cura é colo

palavra de mulher

salário
vida profissional

personal trainer
garoto de programa
marido de aluguel

vibrador!!!!...

pra que serve namorado, marido, amante
meu senhor?

prevenção ou...

se toque dá medo
tato instiga
fuga do cativeiro

sinal de chama
ama
ou chama o bombeiro.

sublime

desejo detesta rédeas
daí os tropeços:
vícios, homicídios, suicídios
no instante que passa
desembestado galopando pavios

se o coração é realejo
para o relógio
o pássaro melodia
desfaz o desespero
o ser abraça o escuro
com ele goza até os medos

papelzinho da sorte
sonho de amanhã cedo.

proteção

pela estrada conturbada
a poesia nos defende
do assalto à mão amada.

tato corrompido

muito fácil
mulher ser moralista
para não ser
mulher fácil
mais uma
na lista

o toque machista
engravatado de hipocrisia
sempre a invade
com ânsia de caçador
na conquista

muito difícil
homem de boa vontade
não ser falso feminista

muito fácil
a misoginia
dar à luz
a misandria

tanto ódio se justifica
pelo voto da maioria?
até quando, **j**oão?
até quando, **m**aria?
perdidos na selva
do poder e fantasia?

respeito

você não é coisa
para ser minha

não sou objeto
para ser seu

só nasce o amor
se a liberdade nasceu.

bipolar

aquele riso treme garras
carícia esconde punhais
mansa voz de concórdia
explosões banais

assustada criança perdida
empunha armas letais
pela morte recusa a vida
não sabe que sua ferida
filha da sua loucura
quem cura é colo
nada mais.

apelo inocente

minha criança
se cansa
de brincar sozinha

deixa teu peito aberto
para ela ter companhia

por que te trancas
e demoras tanto
enquanto comes
erva
daninha!?

perversidade refinada

quase me mata
e ainda devo
lhe devolver a faca
em mim cravada
com todas as palavras
de sua lâmina
intactas
a dor e o talho
em detalhes de relatório
o rosto
sem qualquer vestígio de orvalho.

cotidiana

é noite.
teu silêncio me dá um coice
a solidão, o bote

sangro novela das oito.

sem jeito para

tem gente que, realmente
não sabe amar

aperta tanto o *pázssaro*
do afeto
que além de impedir o voo
é capaz de matar.

sadomasoquista

fera ferida fere para ser feliz
caça bode expiatório
para nutrir sua desgraça
de contra a vontade
no toma lá dá cá
ter virado meretriz

vingança incubada
(tesouro maior)
sangue inocente
derrama de sua taça
e quanto pior melhor
pensa entre os dentes

fera ferida também se fere
para ser feliz
e se curá-la alguém consegue
aos quatro cantos
há de berrar que não quis.

salva-vidas

se dou a flor
e o espinho cravas
com toda a raiva
no meu peito
é meu direito
tirar tuas garras
e seus efeitos
fazer auroras
sem teus rejeitos.

percurso

foi possível deslizar na superfície do teu silêncio
até surgirem as pedras
e, por fim, as cachoeiras
que se alimentam de barcos

mergulho
e mesmo um trapo
pela tua submersa caverna
insisto e escapo.

ciúme

herança de antes do antes
quando só a fome
e o medo
determinavam os ânimos

ele ainda vive dizendo "sim"
se arvorando humano
destilando fel
em doses sanguíneas de nosso réptil ancestral

e ocupa todos os dias
dos jornais
a seção policial.

pode ir

me deixa
relaxa
vai para o barzinho
tomar tua cerveja
ou vinho
é de graça
minha angústia paga

a mesma com que me estrangulaste
na noite passada

há tempos a sarjeta
me foi endereçada
para morada
(não vou
sei da violência planejada)

quando retornares
não esqueças de me trazer
a garrafa ou lata vazia
e a chibata com que me maltratas
em noite fria

me deixa
relaxa
vai para o barzinho encontrar
o galã da novela
endinheirado e branco
olhos verdes ou azuis
sarado
príncipe encantado

toma com ele teu vinho
tua cerveja
é de graça
minha angústia paga

não esqueças o cigarro
e se tossir pede
à minha angústia que trague

traz a bituca de tua noite
para minhas horas-mágoas

vai te divertir, **c**inderela
me deixa com esta cachaça
na volta
é só bater na janela
que eu abro
e tua angústia passa.

de tantas fobias embutidas

por que dói tanto
lembrar a lâmina do desprezo, do abandono?
por que isso nos tira o sono?

corte profundo
mergulho no inicial pavor de vir ao mundo

assim, nossa precisão de amor
elos com seres únicos
após instantes de estalo
para sempre indeléveis perto e distante

rejeição e abandono retomam a soma
de nossos gritos para audições moucas
nos põem no sufoco, matam
com a ausência daquelas pessoas
essenciais em nossa vida
e tão poucas

sob escombros de rejeição e abandono
renascemos monstros

mas se a concha do aconchego se abre
acordamos serenos, sóbrios
para o se dar prontos.

trama em rede

não ama
se o amor chama
odeia

inseto esperneia na teia

veias de ácidos cheias
se incendeia
aos berros
tentando um canto de sereia.

desamornia

meu afago
recebido
como um trago de veneno

foste
sem nenhum aceno

ficou um silêncio
de espinhos pleno
no coração
um dreno
por onde escoam
poemas
de olhos fitos no céu
à procura de **vênus**.

apazilhamento

relaxa tuas entranhas
que não entrarei mais em tua casa
não te ameaçarei os espelhos
nem de aparar tuas asas

relaxa tuas entranhas
não há mais perigo
de nenhuma criança

destrava o desejo
e permite que a lava de teu vulcão
escoe todo o cortejo

perdoe-me por te amar
com as ilusões
do realejo.

jogo de espelhos

há um sofrimento ao sol
iluminando-te o sorriso
quase sério
sonhos em série
abrindo-se alvos
por entre teus lábios retintos

também exponho
na face iluminada
marfins
luas chorando
por dentro
dores gritando confins.

abnegação

a forma melhor de amar
foi te proteger de mim
ainda que meu demônio
nutrido de crueldade
(seu corrosivo hormônio)
pisasse em todo jardim
risse da minha saudade
meus olhos em preamar
gritasse-me teu desprezo
crivasse de dor meu peito
com a lei da causa e efeito
rosnando, e eu indefeso...
bem alto a todos meu fim
e triturasse meu sonho
com seus dentes de marfim

a forma melhor de amar
foi te proteger de mim
após teu medo, suponho
de meu discurso enfadonho
com detonações de festim

a forma melhor de amar
foi te proteger de mim
a minha fera domar
para findar o motim
e eu poder semear
flores do não e do sim

a forma melhor de amar
foi te apaziguar em mim.

sentimento antigo

saudade se mistura
na fervura
com tantas ervas estranhas
e nas entranhas
faz das suas

saudade não se calcula
mas inocula
nas veias
flocos de sonhos quebrados
refeitos a caminho do ninho

saudade tem identidade
anciã quando nasce
pode
podar auroras
e morrer feto
em novo parto
ou renascer mais cedo ou mais tarde
na memória do beijo
na arte

saudade pode ter leveza
quando viceja
em campo aberto
mesmo estando
o celular desligado.

obrigado, poderosa!

grato pelas luas em flor de neurônios
iluminando-me a madrugada
e os galos do raciocínio
com seus bicos de luz
anunciando o domingo

grato pelos sinais de meu trânsito
engarrafado no peito
e o afago de ondas e ironias
de um mar
desesperado por silêncios e saudades

também agradeço pelo sorriso
fino
enfeitado de navalhas retalhando um beijo
em horizonte aceso

obrigado pelo ensinamento
de enciumar-me antigas marés

saibas que uma guia de contas
amargas
eu trazia invisível no pescoço
durante as vagas
que subiam salgadas
pelas feridas ainda intactas

agradeço ao final
o calor
contido nos cubos de teu gelo
recheando-me o copo
de veneno

e por último
à pacificação de uma dor militante
os tantos sóis negros
reescrevendo com arco-íris
o amanhã dos segredos retidos
pelas rugas e olhares obtusos
chorando areias
brasileiras e africanas
de ânsias afrodisíacas

com tantas esmolas
continuarei tocando
minha kalimba de versos
em praça pública
sem nenhum rancor
dos que me sabem cego
e por isso roubam
estrelas de dentro de meu chapéu

eu os perdoo
e abraço com o meu breu.

corisco

quando me partiu o raio
sangrei pássaros
mas vieram voos pretos de alegria
farta

no silêncio fui ficando acostumado
calejado
contra o que se seguiu
(inclusive o trovão)
ao corisco mandado

com arte
parti o raio que me partiu
virei partido
partido-alto

rima de sobreaviso
de olho no azul-cobalto
nuvem cinza pintando
agora salto

partido em pássaros
mais escapo
com meus pedaços
nesta *quilomberrilha*
entre bombas e estilhaços
de beijos e abraços

de soslaio
parto
do que sofri
poeta feito bem-te-vi

sem os véus
afeitos a maio
acendo com o raio
a queima de fogos
de artifício
e celebro este ofício
prazer e sacrifício.

paradócil

quando chego
o cheiro de **s**ão **p**aulo me arregaça as narinas
arde o imo
desperta a pressa
e me atomiza

o carinho que nela reside
recolhe-me os pedaços
e posso respirar
do carbono seu óxido
em paz
sorver o oxigênio
dentre as pétalas do bem-querer
e às margens contemplar
meu sonho **t**ietê.

reverso

durante anos a fio
tive pressão alta
e por um fio não fui

agora só tenho pressão altiva
cheia de brio
assim o rio
flui...
e eu rio
você, mar
te adentro com todo mel
e sal
correnteza e temporal

pressão alta
agora
carnaval.

serena

esta saudade é saúde amorosa
silêncio florido no peito
música rendada envolvendo
as delícias do leito

rio que passa macio
rolando seixos
nele flutuando
coloridos peixes
entre as nuvens
que se banham
em êxtase

esta saudade
súbita imensidade
abraça-me em suave deleite.

imprevisto golpe

novamente a quietude
e seu vazio que asfixia

modulação no mar de palavras...
mistérios respiram
boiam cadáveres de música
ausência de afeto:
cemitério das musas

tudo porque o desejo
sujeita o desejante ao desejado
depois, a solidão
golpe de machado
espirra borboletas
deixando o céu manchado.

atualidade amorosa

hoje o amor faz ioga
estuda inglês
redige tcc
dissertação
tese
pós-tese
e frequentemente escorrega na próxima esquina
deixando apenas
um rastro de cometa
na menina
dos olhos de quem ficou

quase sempre
o amor está em reunião
foi fazer unha e cabelo
aguarda uma consulta
apesar do atropelo
tem aula na academia
está num trabalho urgente
facebooka com zelo
celular frequente
volta e meia e-mail
embica nas horas extras
até tarde da noite
apesar do saco cheio

é comum que arrume as malas
e ofegante saia
coração no horário
da pulsação apressada
para a próxima viagem...

raras são as tréguas
entre calculadoras e réguas
para contemplar a flor
murchando no vaso
pássaro no ar alvejado

no próximo banco saca
o lucro de seu esforço
notas de angústia molhadas
por lágrimas em alvoroço.

desobediência intrínseca

não adianta espernear
pelo amor que se quer

ele é o que queremos
e o que não queremos
ele é

quem quiser que o aceite
ou rejeite
seu deleite
onda *tsunâmica* de existencial alívio
sempre gratuito
ou a preço nunca visto

amor sem defeito
só os tolos nessa quimera
insistem
ou covardes
para evitar obstáculos ou precipícios

amor com defeitos
é o que existe.

disparidade um dia se despe

amor entre
quem manda
e quem obedece
é posse

passa pelo assédio
ameaça
uso da força
depois maquiagem
para hematomas e tédios

quando a vítima adoece
submissão como remédio

entre quem manda
e quem obedece
desejo com ódio
se tece

entrega forçada
faz brotar
silente
ânsia de vingança
que mesmo oscilante
cresce
por intermédio da esperança
alcança a vontade
se lança
e a liberdade acontece.

eternútero

vinicius e suas ipanemenses pálidas
me desculpem
conteúdo é fundamental

na vera homem quer mulher por dentro
além do trivial
por isso a penetra em busca do encantamento
do gratuito refinamento que se perde no aviltamento
de uma cultura banal

se o vazio é com quem se depara
deságua para cumprir a tara
mas chora em segredo
(que disso homem não fala!)
seu medo
a dama da foice
apontando-lhe o dedo
desde sempre
à espreita
no centro de seu eixo

abismo adentrado
encontrou aconchego
oásis-miragem do primeiro endereço...
desapego:
— pode *mulherizar*-me
eu deixo.

sem reparo

doo demais
e fácil
por isso em tanta cilada
caio

entro e não saio
vejo o furo
no fundo do balaio
ao tentar enchê-lo com o melhor de mim
vazo
o pior renasce
de soslaio
quando me dou conta
do desgaste
vem o céu vomitando seus raios

doo demais
e fácil
por isso em tanta cilada
caio

da ingenuidade
o coração gaio
adentra desvãos
de afetos vários

pelo que muitas vezes vejo
saio
de rejeição surrado
desmaio...

quando acordo
outro atalho
de novo adentro
a eternidade
e não saio.

amorfobia em crise

mais que nunca
gente *amorfóbica*
sente
permanente ameaça do toque
carinhoso de um abraço

pessoa *amorfóbica*
fez e faz da própria pele
repelente muralha
atrás de onde se esconde
com seus dogmas e armas
carregadas de raiva

amorfóbic_s sabem
ainda que muito atrapalhem
e retardem
com seus tumultos, traumas e crueldades
fora ou em cima do pódio
cedo ou tarde
serão destruídos
seus gabinetes do ódio

exalando agressão e ameaça
até pelos poros
amorfóbic_s
desejos_s de um mundo distópico
triste e reto
percebem
em curvas no horizonte
os efeitos brilhantes
da indomável revolução do afeto.

desilusão

amor não acaba
desaba
com notas de pé de página.

metamorvozes

quando a tua voz se vai
via satélite adentro
o silêncio que fica
se enche de flores

não mais caminho
levito
até o sol se pôr

depois banho-me em negrume
e de beija-flor
viro vaga-lume.

o beco tem saída

nascer ou nascer

desta segunda gestação
ninguém nascerá para fora
mas para dentro

não adianta incendiar nossa mãe-morada
lançá-la aos extremos
com insensatez calculada
promover hecatombes
sufocar sentimento
nem criar bunkers
ou fugir para estação orbital
em busca de confinamento

ninguém nascerá para fora
todos nasceremos para dentro

históricas contrações de outrora
em vão reiniciaram a barbárie
pressionando a aurora

na abissal *introsfera*
cada ser se prepara
procura
o canal vaginal da memória
por onde fluir para a nova era
se livrar do milenar pesadelo
dessa longa espera

o parto será normal
untado em ternura e prazer natural
apesar dos riscos
de se enroscar
no próprio cordão umbilical

desta segunda gestação
ninguém nascerá para fora
mas para dentro
sem narrativa fantasiosa
de qualquer viés

recém-nascidos seremos
em harmonia profunda
nenhum tapa na bunda
só afago do cosmos
da cabeça aos pés.

genotecnocídio

para *genotecnocida* alma é software
corpo é hardware
circulação sanguínea e onírica
só algorítmica
existência humana, uma questão de chip
ciborgue, projeto em andamento antigo
mundo virtual
felicidade única a ser conhecida

desejo, amor, paixão real
zona proibida!

cenárido

mísseis, drones, tanques
manuarmas, bombas, venenos
crenças, raivas e gangues
num só sacrifício
todos os sangues
para negar que somos
mortais e pequenos
ante o universo sofrendo
sensação de abandono

fim do mundo chegando
muita perda de sono
últimos acenos
lágrimas ao vento
preces a **c**ronos

vida após a morte!!!
legiões suicidas
vociferam fantasias

esta vida!!!
gritam amantes
choram crianças
recém-nascidas

arte, lazer, saúde!!!
clamam
renitentes da utopia
para os ouvidos surdos
da mais-valia

territórios e recursos
guerra antiga
segue seu curso
canoa furada
leme nas mãos
agitando as alcunhas
nosso *protoegoísmo*
absurdo

esperança dopada
prova perucas
lixa as unhas
masca cinismo
espraia o surto.

robótica antiga de ninar, porém

crenças marteladas
desejos manipulados
monstros atrás da porta
medos em pega-pega
jogo do certo/errado
tabus mentindo mistérios
castigos e recompensas
desde a infância ordens
mitos gerando impérios...

ratinho, queijo, sininho
ratinho, sininho, queijo
ratinho, sininho, otário

robôs humanos
em vão salivando salário
quantos ainda somos
e seremos
pelos próximos anos
séculos
milênios
na pista espermatozoides
buscando o amor-ovário?

passos de tartaruga
rugas seguindo rugas
luz dos pés aos cabelos
topo daquilo que somos
enquanto parte do todo

acordaremos.

ecoslogia

pum do churrasco
ainda no pasto
lucrativo e nefasto

termoelétrica em trabalho de parto
acendendo luzes
aos poucos apaga pulmões

móveis saúdam serra elétrica

floresta se afaga com fogo
oceanos e mares
exibem ilhas de plásticos tossindo as pérolas
da escravização das ostras

rindo mercúrio
garimpo dança
em meio à lama
das montanhas e rios assassinados

chaminés seguem
o flatulento ritmo das frotas

camada de ozônio agoniza
gaia grita cânceres, epidemias, ciclones, furacões
terremotos, tsunamis, secas, incêndios, desertos
nos polos chora geleiras
vomita icebergs

gaia grita
pouca gente escuta
se escuta
viciada em hábitos
quase não acredita
que já bateu em nossa porta
a desdita

consumo segue consumindo
tempo e espaço
homo sapiens cria
o próprio calabouço
de ilusão, asfixia e aço

blá-blá-blás não calam
a iminente desgraça coletiva
nem iludem quem sofreu, sofre e sofrerá seu efeito
e de tantas novas ameaças

ousadia nas praças
para a ambição, freio
necessário ressuscitar tudo o que foi morto por ela
arrombar seu cofre
e sem receio
repartir o pão e o recheio

só assim **g**aia amamenta o futuro
em seu seio.

exercitando a utopia

um dia não haverá
nem pobres nem ricos
o ar será limpo
também a energia

sem veneno
água e alimento
em abundância
não por milagre
nem magia
mas política

liberdade, amor, sabedoria
nutrindo o horizonte
zerado de olimpos
desnecessários deuses e mitos

lixo todo reciclado
vida bela e simples
democracia consistente
solidariedade plena
sexo livre
de sadomasoquismo

teremos vencido
a era dos extremos
mais íntimos
do egoísmo

cada *povomaioria* unido
e indivíduos
pensagindo
neste sentido

um dia...

aquecimento global

ambição por commodities
pisa nossos pulmões
com seus pés de gado, minério
soja e fumaça
queimando
derrubando florestas
como quem abate a caça

ambição por commodities
olhar frio
ardendo egoísmo
dizima povos
animais, plantas
lagos, rios
desertificando nossas torneiras
nossas gargantas
com o mais cruel estio

ambição por commodities
estrangula o ar puro
espalha a morte
incendeia o futuro

senso nenhum de humanidade
ambiciopatas
se deliciam
com a perversidade
no ápice do cio

ambição por commodities
guerra mundial
incandescente crime plantado
brotando vistoso
em nosso quintal

nossa indignação pede mais
mais imagina-ação
e não o réquiem
global
dos pervertidos pela ambição.

ao pé do ouvido

já pensou
quando ninguém
pegar de ninguém
doença alguma
sem medo o beijo na boca
trânsito livre no afeto
na transa
a toda gente fartura
só prazer no estudo
opcional o trabalho
e arte
existir em tudo?

já pensou
o mistério da vida tangível
todo preconceito na praça
desnudo
ar limpo
nenhum coração mudo
o sol de dentro invencível?

não querem que a gente saiba
mas é possível.

outra via para a democracia

> "o povo sabe o que quer
> mas o povo também quer
> o que não sabe"
>> *gilberto gil*
>> *rep*

o povo tem de votar
e mais
sempre que alguém quiser
mudar a lei maior
e quando se for vender
patrimônio estatal

o povo tem de votar
e mais
quando seus representantes
almejarem aumento salarial

o povo tem de votar
e mais
em majoração de juros
salário ou renda mínima, auxílio emergencial
cesta básica
energia
elétrica, térmica, atômica, eólica, solar

o povo tem de votar
e mais
sobre lei que ameace a vida
a liberdade de ser, conhecer
e se organizar

o povo tem de votar
e mais
aprender a participar

eleição reduzida
enganação da maioria
e pix poder
demais a uns poucos
por isso a corrupção
e o desmando geral
de bandidos e loucos.

ressonância em mudança

o que se faz do passado
que não passa
insiste
todo dia volta
e aponta o passo em falso?

o que se faz com o passado
revelador
do voto
equivocado?

o que se faz do passado
com seus horrores
presentificado?

do passado
o trauma
arma e alarme
revelando o naufrágio

amor não assumido
beijo não beijado
viagem sem ida
gozo apenas sonhado
por amarras
entrega interrompida
tudo grita
tudo salta

passado bandido
rende, violenta, assalta
algo precioso
perdido
anunciado sem volta

o que se faz do passado
pesado
sobre a memória da leveza alada
que bordou prazeres
entre as brechas
aparentemente fechadas?

não se muda
seu peso
mas ele pode ser drenado
pelo gerúndio
construtor de futuros
nas águas turvas do aqui e agora
com a magia do toque
ou da fala.

consumo, ação!

se desejo feito oferta e procura
deu nesse caos pró-doença
urgente encontrar a cura

nosso dinheiro
em prol da loucura
já delira
síndrome de *con-sem-sumo*

neurônios vasculhados
com algorítmico apuro
absurda produção
de ânsias e quereres sonâmbulos
agressivos e impuros

entre excessos e venenos
inconscientes conluios
ruindo nossa casa
planetária e única
muita gente de curtas asas
para voar a outras plagas
da galáxia saúde

a cada compra
ambição e descuido
obediência aos corsários
dos lucros e juros
e o grito climático:
— empresários que poluem,
estamos em apuros!

empresáridos que poluem
arrotam cifrões
a voracidade vai fundo
arpão nos corações

apelos ante água, produto químico e fogo
além do que suportamos
exortam a cada pessoa
sua parte possível
contra a ganância
geo e genocida
de uns megapouco$
apelos para que tenhamos
amanhã
solo, água, ar
sem veneno
ou fumo

"consumo somos
somos sonhos
sonhos de consumo"
nosso canto quero-quero
na janela do futuro
pede revolução
com diferente rumo.

brecha no muro

o beco tem saída
também há cura para a ferida
e que o efeito do trauma não prossiga

o beco tem saída
não comer porcaria
enfrentar os vícios do dia a dia
boicotar os suplícios da mais-valia

o beco tem saída
solidariedade
ativa
ao invés da morte
celebrar a vida

o beco tem saída
expurgar malignos capitalistas
e todos os seus genocidas
num voo só de ida
para bem longe do planeta
que nem o **j**ames **w**ebb enxergue
ou dê pista

o beco tem saída
no lixo tudo o que não presta
racismachismhomofobia
e todo tipo de exploradora hierarquia

o beco tem saída
com energia limpa
agrofloresta
democracia participativa
da política à economia

o beco tem saída
lucidez sábia, coragem
paciência e empatia

o beco tem, sim, saída!

olhar para cima bem de dentro

com o pôr do sol
ela remove a máscara azulada
e sorri estrelas

nosso caminho
para tantos mundos
a anos-luz de distância

todos ainda seremos poucos
para construir a paz
em nosso íntimo beligerante
bestamente armado
até os dentes do inconsciente
ante a imensidão à nossa volta
da qual
sem arte
indiferentes
fazemos parte

todos, embora poucos
vamos nos sentar à mesa
da infinita grandeza
misteriosa
agitada
ao mesmo tempo
serena

o dia
mero disfarce ozônico
da noite plena.

visão especial

no olho do furacão
quase ninguém enxerga
lágrima não brilha
também tateia
sob nuvem cinza
movimentando areia
grito perdido na trilha
palavra virando ilha
angústia em maré cheia

do olho do furacão
ígnea pupila
ódios e medos
em combustão

muito tato é preciso
desarmar o juízo
ver por meditação.

em queda, livre!

fui muitas vezes empurrado
para dentro de mim

tantas quedas sofri
mesmo quebrado
habituado
sobrevivi.

sigamos!

é passagem
ainda dolorida
no deserto a crueldade
renitente
muito antiga

é passagem coletiva...
há traidores enrustidos
de repente suicidas...
empatia não desiste
cresce na vontade
encoraja mais a vida

é passagem...
no meio da viagem
obstáculos
armadilhas
mentiras afiadas
retorcidas, repetidas
mitos desumanos
vício de pilhagem
múltiplos tentáculos
de línguas e linguagens

é passagem
em meio à tempestade
intercâmbio de umbigos e miragens

é passagem...
possuir será passado
escravizapitalismo
nem sequer fumaça ou brasas
todo mundo plenamente
desfrutando suas asas.

recomeço

por demais bagunçada
é necessário arrumar a casa
além de efeitos
buscar as causas
pelo princípio básico
igualdade equânime de oportunidade

os que o temem sabem
de gênero, raça, religião, classe
as hierarquias
desabam
tão somente
com o princípio básico
igualdade equânime de oportunidade
caminho para a humanidade

assim desmoronam os impérios
com seus mecanismos régios
de privilégios

igualdade equânime de oportunidade
princípio básico
não é dado
ao acaso lançado
à espera de um resultado mágico

mas conquista renhida
a ser alcançada
preservação planetária
da espécie
eliminando por completo
o ímpeto bilionário-troglodita
ladrão
escravista
humanicida

igualdade equânime de oportunidade
princípio básico
dna-solidariedade
ativado ativista.

recuperar e seguir

chuva de alegria
acolhe a seara devastada
por ódio, ignorância, crueldade, hipocrisia
ambição sem medida
vaidade ferida

ato ignóbil, orquestrado e histórico
seis longos anos sofridos
centenas de milhares de mortos
megas, grandes, micros
empreendedores de violências digitais
transbordando assassinatos no real
cizânia de amizades, famílias, equipes, sociedades
roubos do erário, queima da floresta
legião de robotizados criada em cativeiros virtuais
de tempos em tempos ocupando as ruas
minuto a minuto nutrida com mentiras
incentivos ao crime
catarse
compensação fecal

chuva de boa vontade
missão dos que resistiram e resistem
à realidade paralela:

confrontar a proliferação nefasta
recuperar pessoas
da lavagem cerebral perversa
curar gente no extremo adoecida
plantar a flor do afeto

com harmonia e apuro
verdade seu adubo
fraterno prazer de viver
em comunhão vislumbrar
humanizado futuro

no caminho
variado esgar de mal-estar como obstáculo
ensandecido
pedras, muros, morros, montanhas
nos passos a certeza luminosa
jamais abdicar do rumo
militância, arte, ciência, técnica, encanto
construir portas, janelas, túneis, caminhos, pontes
criativas formas de *amorificar*
com justiça
o país e o mundo.

a fome do mercado

mentira seja abstrato
falso seu ar de sagrado

mercado é um bando de gente
sem compaixão
para quem morre à míngua
com a existência proibida
no lixo buscando o pão

quem comanda é ladrão
sempre o mais esperto
mascarado de honesto
com fakes e credos
impondo como certos
hereditários privilégios
a fim de serem eternos

mania de super-homem
confinados em estéreis *egostérios*
donos do mercado
e seus sequazes
na crueldade são tenazes
para manter seus impérios

mentira seja abstrato
o mercado

ao ouvir a palavra povo
entra no cio nervoso
cioso pela herança maldita:
ânsia de acumulação infinita
sua fome
seu gozo.

sem trégua

luto
substantivo e verbo
ante o racismo cruel
bruto e astuto

luto
substantivo e verbo
em nome das crianças vivas
e das meninas assassinadas
há poucos dias
ação de psicopatas
do estado
treinados no disparo
de balas perdidas

luto
verbo e substantivo
reverência à vida
pacto abso**luto**

com a nossa lida
façamos reviver os mortos
pela memória
e o amor reso**luto**.

no dia seguinte

seguir
ânimo forte
nutrição coragem
ancestral origem
ijexá no abraço
com adarrum contente
certeza feliz
ninguém está só
vamos em frente

palmares luz
em nós se fazendo
brasil humanizado
solidário
potente

traste em estrada
de asfalto e das mentes
ódio, rancor, raiva
a cada dia
todos
vamos removendo

caminho e caminhada
quilombo energia
vida é movimento

o ano inteiro
é 20 de novembro.

vale o quanto preza

vale do silício
inovação como malícia
cúmplice suplicia
a maioria

de vaidade e capricho
alimenta o santo ofício
dos mais ricos
psicopatas cínicos

vale do silício carece
como princípio
zelar pelos oito bilhões
sobretudo os famintos
acolher com o infinito
foco na existência
sem vale de lágrimas
nem altar de sacrifício.

sapiência

quem cultua angústia
cutuca a onça com vara curta

mais ferocidade e astúcia
o que salta não é onça
mas bicho que devora
identidade humana
que no precipício
ainda pulsa

por isso meu povo sábio
dribla o que angustia
e assim avança
a despeito de tudo
cultuando a alegria.

caminhando-nos

ninguém precisa ir para o céu
nele estamos
sempre estivemos
e estaremos

nem lá, nem acolá, nem ali
o céu é aqui

óvulo fecundado
nosso planeta nunca se opôs
ao estrelado útero

caminhando-nos
com salvo-cosmos-conduto
ao nosso cérebro
de sensibilidade ainda bruto
do emaranhado ermo confuso
serenos sairemos
para o ilimitado
iluminado absoluto.

querer

quis esta kizomba
que zomba
chora, ri, faz moganga

esta kizomba
acolhe ou tromba
ginga, tomba, levanta
canta, dança e sua
sua matriz

sede de antigas chagas?
amor
chafariz

quis esta kizomba
escrita a carvão e giz
para o preto no branco
ser mais feliz.

resistência

resiste quem age
contra algemas de qualquer quilate

quem pare
no tremor das batalhas
o inusitado
e ressuscita o ideal ancestral
assassinado

quem não dorme quando é sentinela
na espera elabora
arrisca
enfrenta o vazio
inventa estrela
passo e caminho
mesmo que seja
por um fio
sobre o redemoinho

resiste quem não entrega
seu íntimo
ao bandido
e se dividido
reparte-se
para manter seu povo
unido

quem na peleja
também viaja
para seu íntimo
e almeja
com sabedoria e destreza
a liberdade acesa

resiste quem muda para melhor
a tradição
e nova muda espalha
no interior dos espelhos
sem deixar mudas suas dores
e seus projetos de desdobrar os joelhos

quem persiste
silencia se preciso
protege a fala
de se tornar falácia
vício
extrema-unção
elegia do sacrifício

resiste quem se alimenta
de semente
e todo dia brota

quente
mesmo no inverno mais branco
e doente

desiste
quem só assiste
o melhor de si entrega
ao inimigo
e nos presídios
vela
em cela superlotada
de ação acovardada
os próprios sonhos mortos
por inanição.

persistência

pode ter barulho à pampa
supimpa o poema
sobe e desce a rampa
na mais fina estampa
de metáfora em metáfora
espontâneo dança

pode ter ruído à beça
sem pressa o poema nasce
e nada impede
que ele cresça
na praça de um coração rebelde

pode ter rancor e mágoa
no meio dessa estrada
o poema passa
pelos vãos da pedra
que só ele enxerga
e alarga

pode não dar pé
o poema nada sobre as vagas
de angústias que cegam
depois mergulha
e devolve a luz
aos olhos inundados de treva

entre as algas
pode o entendimento dar em nada
sem condão, sem fada
o poema cicatriza a própria chaga
de onde a semente brota
sonho intenso
de desejos com asas

pode qualquer poder
decretar o fim da linguagem
negra
que persiste impressa
no lado oposto
da farsa

o poema esgarça
norma, decreto, lei e teoria de supremacia de raça
de povo escolhido
ou qualquer outra desgraça.

horizonte da grandeza
ou simplesmente: recado

podes ir te acostumando com a imensidão
que está chegando o tempo
de essa vida besta
entrar em des-ilusão
narciso! **n**arcisa!
a existência não é essa
mediocridade competitiva
mendigando likes
com ansiedade de pesquisa

o porre milenar
que ao cosmos te mantém
de costas com desdém
anuncia a ressaca
o pandemônio dos neurônios
vai te acordar
mesmo pra sair de maca
sacudido por vômitos

mistério que te acompanha
do útero à cova
ou à fumaça do crematório
vai mostrar sua cara estranha
e perguntar:
tu me desconheces
por dogmas e crenças
de tua ridícula façanha?

olharás em volta
o azul do dia te dirá:
sou fumaça de ozônio
sempre te enganei os olhos
iludi
e te imaginaste magnânimo
que eu fosse um teto
assoalho divino do primeiro piso
para teus delírios narrativos
com ausência de verdade
coragem
ânimo

podes ir te acostumando
com a imensidão
narciso! narcisa!
menos que um vírus
teu tamanho no espaço
a milésimos de segundos
de viagem na luz

tua pequenez entre os astros
e tua grandeza ante os átomos
vão te sacudir, palhaço
palhaça
deixarás o picadeiro
mesmo achando graça
e viverás de fato.

incéugurança

o azul do céu
é como as nuvens
nele
ninguém pode se segurar.

estertor de uma era

delírio trêmulo das mentes reprimidas/repressoras
rios de violência e martírio

micro e macrocosmos
versão de fora e dentro
o desconhecimento
assusta
põe a fé de sobressalto e arma em punho
e seu escudo de hipócritas narrativas

delírio trêmulo
bandeira de ódio ao vento

mas é a liberdade quem sopra
o novo tempo.

superonda de si

se você permitir
a criança
vai superar a fome
que a consome

se você permitir
ela se livrará
da facção criminosa
evitará o turbilhão das drogas
driblará as garras
cruéis das togas

se você permitir
a criança enfrentará o racismo
fará frente ao machismo
e a tantas outras
formas de sadismo
que submetem
ou eliminam alguém

se você permitir
ela irá muito além

sem pensar em armas
ou video games
que ensinam a matar

se você permitir
ao invés do ódio
ela optará por amar

se você permitir
e se permitir
tsunamiar
de boa vontade
o seu ori

o futuro criança
do outro e de si
além de acolher você
vai se expandir

se você permitir.

assento preferencial
para sonâmbulos

pensar que o aqui e agora
exclui o ali, o lá fora
e se fecha em certeza cinza
sem galáxias, sóis, planetas, luas, nuvens...

pensar que o próprio pensar empareda
milhões nos parâmetros da idade média

pensar que céu e inferno
ainda balizam o raciocínio
de tanta gente néscia
aprisionada ao binarismo
quando o caos já expôs seus desígnios
n vezes se opôs
ao pensamento mesquinho

é saber que longe estamos
de tão somente ser
minimamente sapiens
com 23 pares
de cromossomos.

com urgência

é preciso tirar a máscara de nuvens
acender a noite
meditar estrelas
e fora das celas
aprender outro alfabeto

não tem teto o universo
a humanidade nasceu na **áfrica**

mudando a casca
e instrumentos de caça
se espalhou para todo o resto
inventando cercas, muros, cavernas

inútil ficar na toca tecendo metas toscas
fumarentas cortinas de pilhagens
uns dos outros

não tem teto o universo
a humanidade nasceu na **áfrica**

mudando a casca
e instrumentos de caça
se espalhou para todo o resto
inventando cercas, muros, cavernas

apesar das armas de destruição em massa
entusiasmos de ferro, aço, concreto
instintos e hormônios
fervendo confrontos

o planeta não é plano
esgotáveis seus recursos
e como a vida
irregular, frágil, redondo
em meio ao cosmos
emoldurado pela solidão
original da espécie

não tem teto o universo
a humanidade nasceu na **áfrica**

mudando a casca
e instrumentos de caça
se espalhou para todo o resto
inventando cercas, muros, cavernas

não importa ideologia
credo
nascendo, se amando, roubando e matando
somos todos parentes no espaço aberto
leões feridos
dentre tantas outras rugindo
a nossa ancestral
inconfessável
carência de afeto

é preciso tirar a máscara de nuvens
acender a noite
meditar estrelas
e fora das celas
aprender outro alfabeto.

índice alfabético

a cara da fera, 21
a fome do mercado, 243
a troca, 15
abnegação, 191
abolição, 106
açum-preto, 151
agromonstro, 96
amálgama, 39
amorfobia em crise, 208
ao pé do ouvido, 225
apazilhamento, 189
apelo a contrapelo, 114
apelo inocente, 176
aquecimento global, 223
assento preferencial para sonâmbulos, 262
atracação, 112
atualidade amorosa, 201
bastidor sombrio, 60
bipolar, 175
brecha no muro, 232
cabeleireiro em casa, 148
caminhando-nos, 249
caras sob as máscaras, 53
cena, 119
cenárido, 216
chama dinâmica, 22
ciúme, 183
civilização em três atos, 108
claros oscilantes, 150
colorismo, 158
com o passar do tempo, 49
com urgência, 263
confins na mente, 134
constatação, 113
consumo, ação!, 230

conta-minados, 70
contra dicção, 164
contrafar$a, 85
contraponto, 90
corisco, 195
corrosão histórica, 84
cotidiana, 178
crespa cantiga, 120
cruzes e crises, 30
curso subliminar intensivo, 44
de tantas fobias embutidas, 186
decisão, 83
desabrigado, 47
desamornia, 188
desilusão, 209
desinfância, 93
desobediência intrínseca, 203
diagnódio, 51
diasporáfrica, 142
dificuldade intramuros, 109
dislexia existencial, 13
disparidade um dia se despe, 204
diz crime, nação!, 160
doação, 105
dos vazios, 28
ecoslogia, 219
eleitoral barbárie programada, 77
em face da legião sádica, 56
em nome de, 63
em queda, livre!, 236
em questão, 157
enigma da mutação, 117
equívocos, 147
erro tático, 34
escravismo financeiro, 87
estertor de uma era, 259
estilo de...,16
eternútero, 205
ética do mercado, 67
exercitando a utopia, 221
explanação, 101
fardo de longa data, 31

festinha da t.i., 33
genotecnocídio, 215
govern*ânsia* global, 76
grande obra que se desdobra, 163
hier*amor*arquia, 133
hora de horizonte no ori, 165
horizonte da grandeza ou simplesmente: recado, 256
humanofóbico, 64
identidade nacional, 144
imprevisto golpe, 200
incéugurança, 258
indignação antiga, 155
introverso, 26
jogo, 110
jogo de espelhos, 190
lições fundamentais, 128
mãe?, 152
má-fé, 88
mãos em comunhão, 121
mente podre, 111
mercadominado, 68
meritocracia, 122
metamorvozes, 210
meteorologia, 37
meu *desdesejo*, 118
milogro, 94
minoria-offshore, maioria chora em off, 59
moldura atávica, 95
mordida do remorso, 58
na iminência da terceira treva mundial, 74
nascer ou nascer, 213
navegar sem juízo, 18
nesta bolha ninguém descansa, 19
no dia seguinte, 246
no laboratório, 91
no princípio, 25
nos búzios, 154
o pior deles, 80
o vício da criação, 78
obrigado, poderosa!, 193
ogunhessência, 103
olhar para cima bem de dentro, 234

outra via para a democracia, 226
palavra de mulher, 169
paradócil, 197
passadas impensadas, 29
passado, 137
passos sobre os percalços, 145
percurso, 182
perguntemos, 20
persistência, 254
perversidade refinada, 177
pesos e mordidas, 40
pessoas, 161
pingo no i, 97
pode ir, 184
ponto de vista, 107
por todo lado uivos, 82
prevenção ou..., 170
processo e possessão, 55
proteção, 172
próximas eleições, 62
quando agora, 139
querer, 250
questão visceral, 89
questões para educa-dores e educa-prazeres, 43
racismentário, 125
racísmetro, 123
racistócio, 156
radical 1, 35
recomeço, 239
recorte da crueldade, 92
recuperar e seguir, 241
reflexão eleitoral, 69
resistência, 251
respeito, 174
ressonância em mudança, 228
resumo de uma ópera-bufa assassina, 65
reverso, 198
robótica antiga de ninar, porém, 218
sadomasoquista, 180
salva-vidas, 181
sapiência, 248
sem exagero, 138

sem jeito para, 179
sem régua, 72
sem reparo, 206
sem trégua, 245
sêmen e semelhança, 24
sentimento antigo, 192
ser em si, 27
serena, 199
sigamos!, 237
silêncio em guerra, 136
sob o comando, 23
sombra e luz, 129
sublime, 171
superonda de si, 260
tabu?, 102
tato corrompido, 173
trama em rede, 187
tranca, 14
vale o quanto preza, 247
veja in, 41
verdade, 153
virtualidades, 17
visão especial, 235
vocês aí..., 104
vulnerabilidade, 131

ESTA OBRA FOI COMPOSTA EM ALDA POR ACOMTE
E IMPRESSA EM OFSETE PELA GRÁFICA PAYM
SOBRE PAPEL PÓLEN NATURAL DA SUZANO S.A.
PARA A EDITORA SCHWARCZ EM JUNHO DE 2024

A marca FSC® é a garantia de que a madeira utilizada na fa-
bricação do papel deste livro provém de florestas que foram
gerenciadas de maneira ambientalmente correta, socialmen-
te justa e economicamente viável, além de outras fontes de
origem controlada.